JN439549

푸른 하늘 은하수

김계복 수필집

푸른 하늘 은하수

만인사

먼 훗날 엄마가 보고 싶으면

나는 수필에 대하여 아는 것도 없고 공부한 일도 없다. 다만 삶이 허전하고 쓸쓸하고 텅 빈 가슴을 달래고자 하소연하는 심정에서 글로 표현했을 뿐이다.

팔십 평생 긴 세월동안 흔히 말하는 희로애락은 여지없이 닥쳐왔다. 기쁠 때는 웃고 노래하고 춤추고, 슬플 때는 울고 방황했었다. 노년기에 들어 믿음을 가지면서 약한 마음이 달래지고 안착되었다.

사는 것이 그냥 그런 거라고……. 독자가 졸작인 내 글을 보고 이해해 주신다면 그저 고마울 뿐이다. 또한 내 아이들이 먼 훗날 엄마가 보고 싶으면 이 책을 보라고…….

이 책이 나오기까지 많은 분들의 수고로움이 있었다. 책머리를 장식해준 김성규 목사님과 티끌로 묻힐 뻔한 졸작을 가려내어 편제를 가르고 교정을 보아 이렇게 아담한 책으로 만들어준 만인사 박진형 시인에게, 또한 용기를 준 여러분에게 깊은 감사를 드린다.

아무도 모르게 흘렸던 눈물

김성규 · 한마음교회 담임목사

제가 김선생님을 알고 지낸지는 거의 6년의 시간이 지난 것 같습니다. 짧으면 짧고 길다면 긴 시간이지만 돌아보면 사람이 사람의 마음을 이해하고 산다는 것이 얼마나 어려운가를 실감하게 됩니다. 나는 충분히 이해하고 있다고 생각했는데 그것이 본인의 자기중심적인 생각이었음을 느낄 때처럼 부끄러운 것이 없습니다.

저는 김선생님을 잘 안다고 생각했는데 수필집『푸른 하늘 은하수』를 통해 느끼는 저자의 깊고 애절한 숨은 인간의 굴레들과 인간미는 저를 부끄럽게 합니다. 어머니의 깊은 사랑은 그 무엇으로도 표현이 시원치 않음을 늘 새기고 있었지만 어미로서의 저자의 자식 사랑은 다시 한 번 그 깊이를 경험케 하고 눈시울을 적시게 합니다. 아무도 모르게 흘렸을 진한 눈물을 모아 놓은 엑기스를 세상에 탈고하게 하는 하나님의 뜻이 서려 있음을 느낍니다. 그 뜻은 분명 나 같이 사랑에 설익은 사람들에게 생명의 사랑을 깨닫게 하기 위함이며 이 땅의 어미된 자로서 자식을 품은 그 숭고함을 기리기 위함일 것입니다.

그동안 제가 저자에게 대했던 여러 가지 신앙적인 권면과 작은 사랑의 언어들도 농축되어 있음을 느끼며 하나님께서 저자를 통한 황혼에 주신 영적인 축복이 얼마나 귀한 것인가를 감사하게 됩니다. 이 책에게는 영혼의 굶주림 속에서 진리를 찾아 절규하는 메아리가 스며들어 있고, 연약하기 그지없는 한 인간이 진리를 향해 바로 서고자 하는 뒤뚱거림이 느껴집니다. 다 말할 수 없고 표현할 수 없는 삶의 언어가 그대로 읽는 자로 하여금 동질감으로 다가오게 합니다.

성경 시편에 "늙어도 진액이 풍족하며 빛이 청청하며…"라는 구절처럼 이 글들은 저자의 삶의 진액과 빛이 느껴지게 합니다. 인생의 뒤안길에서 본 자신의 초라함 속에서 그 영혼의 쉴 곳을 갈망하는 인간미가 우리로 하여금 삶의 의미를 가다듬게 합니다. 늘 믿음 없음을 한탄하셨던 저자의 진실함과 어린아이 같은 영적 모습은 그대로 하나님의 긍휼과 자비의 재료가 되어 나타납니다. 자연인으로서의 한 인간의 실타래를 보면서 얻는 기쁨을 주신 것이 감사하고 출판의 용기에 깊은 축하를 드립니다.

성경 전도서를 기억하며 저자의 앞길에 하나님의 은총을 기원해 봅니다.

"일의 결국을 들었으니 하나님을 경외하고 그의 명령들을 지킬지어다. 이것이 모든 사람의 본분이니라."

차례

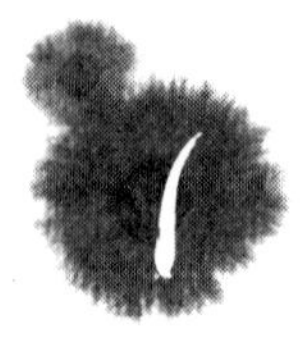

사랑의 막대

따뜻한 동쪽 방

차례

병실 풍경

나의 하나님

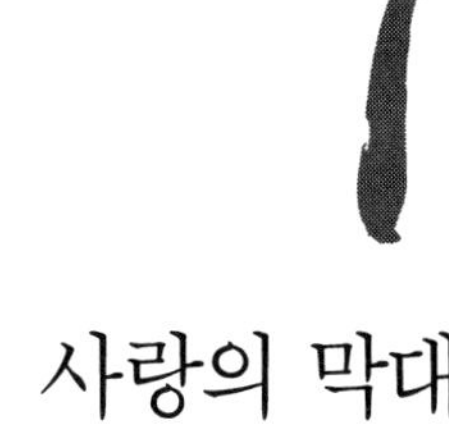

사랑의 막대

고향집

나는 살아 생전 고향땅이라도 밟고 싶어서 일착으로 금강산 관광을 신청하고 다녀왔다. 감탄과 눈물의 금강산 관광이었다. 고성 장전항에서 호텔같은 초호화판 여객선을 탔다. 엄청난 돈을 주고 외국에서 빌려 온 배란다. 설레이는 마음은 있었지만 즐거운 기분은 아니었다. 그것은 고향집에도 못 가고 일가 친척도 못 만난다는 사실 때문이리라.

나는 세계적인 명승지 금강산의 이모 저모를 구경하였다. 금강산 관광을 끝내고 돌아오니 고향집이 더욱 그리워졌다.

허전한 마을을 달래려고 어린 날의 추억을 되새기며 사진첩을 뒤져 보았다. 낡은 사진 한 장이 눈에 들어온다. 뒷뜰에는 꽃이 활짝 핀 사과나무도 보인다. 고래등 같은 고향집도 보인다. 눈물이 절로 솟아난다. 어머니, 언니, 동생, 올케언니와 같이 찍은 사진에는 단발머리를 한 소녀가 내 어릴적 모습이다. 아마 열두서너 살

때였을 것이다. 아 세월이 손살같이 흘러 내가 어느새 고려장감이 되었다.

엄마는 내 손을 붙잡고 초등학교 입학식에 데리고 가셨다. 선생님이 번호를 부르면서 차례대로 세우는데 엄마는 자기 딸을 제일 앞에 세웠다. 고령(高齡)의 엄마는 글을 안 배우신 분이다. 자기 딸을 남보다 앞세우고 싶으셨던 것 같다. 어린 나는 매우 부끄러웠다. 나중에 생각해보니 귀여운 내 자식을 남보다 앞세우고 싶은 것이 부모의 마음이 아니겠는가. 사랑과 부모의 정이라고 생각되어 그저 고맙고 그리울 뿐이다.

고학년이 되어 귀가 시간이 늦어지면 엄마는 학교로 와 창문에서 큰 소리로 내 이름을 부르며 빨리 집으로 가자고 하셨다. 딸아이가 어두운 길을 다니는 것을 걱정하셨던 것이다. 어린 마음에 부끄러웠지만 역시 딸자식을 사랑하는 어머니의 마음이 새삼 그립다.

집 뒷쪽에 있는 과수원에 자주 갔다. 꽃이 필 때는 꽃 구경도 하고, 과일이 익으면 친한 친구와 따먹기도 하였다. 어느날 혼자 소쿠리 가득 달래를 캤다. 한 손에 소쿠리를 들고, 또 한 손에는 작은 칼을 들고 과수원의 원두막에 오르다가 그만 균형을 잃고 사다리에서 떨어졌다. 다행이 원두막 아래는 풀밭이었다. 크게 다치지는 않았다. 부모님이 걱정하실까봐 나는 떨어졌다는 소리도 안 했다.

엄마는 된장찌개에 달래를 넣고 맛있게 끓여서 저녁상에 올려놓았다. 그 맛은 지금도 잊을 수 없다. 집 앞에 개울이 흐르고 버드나무가 둑 양쪽으로 보기 좋게 늘어 서 있었다. 봄에 아름다운 새싹이 돋고, 여름에는 버들꽃이 바람에 날릴 때는 어린 마음에도 붕~ 뜨는 것 같은 행복감에 마냥 젖어 들었다.

벌써 70년도 더 된 옛날 일이다. 그 긴 세월 동안 내 고향 단천은 얼마나 변했으며, 남은 피붙이들 또한 어찌 되었을까? 나는 고향을 그리고 그리다가 한이 되어 영혼이라도 고향집을 둘러보는가 모르겠다.

어머니 말씀에 "오리도 강가에서 새끼를 부화하여 집으로 조롱조롱 데리고 돌아온다."고 하셨다. 나는 슬하의 20여 명을 데리고 언제 조롱조롱 고향집에 갈 수 있을까? 긴 한숨과 함께 나는 또 한번 울어버렸다.

나의 아버지

아버지가 살아 계신다면 아마 130세는 되셨을 것이다. 아버지는 보통 키에 이목구비가 뚜렷하고 선이 굵은 미남이었다.

아버지는 공부는 많이 못했지만 한자 해독은 약간 하셨다. 그러나 자식에 대한 교육열만은 대단하셨다. 고향에서 양조장을 했는데 그때나 지금이나 양조업은 돈을 많이 벌었다.

아버지 생각에 "내가 돈만 자꾸 벌면 무엇 하나. 자식 공부를 시켜야지."하고 양조장을 팔고 좀 더 큰 도시인 단천으로 이사를 하였다. 양조장을 판 돈으로 과수원도 사고 땅도 샀다. 아버지 형제분은 세 분인데 집을 나란히 지어 함께 살았다.

아버지는 사업 수완이 있었다. 당시 단천에서 드문 피복공장을 차렸다. 아버지는 글을 모르니 똑똑한 친척 젊은이를 서기로 앉혔다. 피복공장을 하는 한편 만주와 곡물거래도 하였다. 한국의 쌀은 만주로 보내고, 대신 만주에 흔한 잡곡을 사들였다. 그러니 일제 강점기였으나 우리집의 생활은 넉넉한 편이었다.

외아들은 일본으로, 딸은 서울로 유학시켰다. 아버지는 매우 엄격하셨으나 자식들에게 큰소리나 험한 말로 꾸짖는 일은 없었다. 일본으로 유학중인 오빠가 방학이 되어 집으로 돌아오는 날이면 새벽에 집 앞 긴 길을 손수 훤하게 청소하시던 모습이 지금도 눈에 선하다.

2차 세계대전이 일어났다. B29 폭격기가 쌩쌩 하늘을 날고, "어디 어디에 폭탄이 터졌다더라." 하는 소문이 온 국민을 공포에 떨게 하였다.

일본으로 유학 간 오빠와 서울로 유학 간 내가 고향집으로 돌아왔다. 일본이 패망하고 해방된지 얼마 지나지 않아 남북으로 갈라졌다. 이북에는 공산군과 소련군들이 들어와 난리가 났다. 유학을 마치고 돌아 온 오빠는 일부러 밥도 적게 먹고 설사약을 먹어 자꾸 설사를 하였다. 그러니 사람이 자연 삐쩍 마르고 집에만 있으니 동네에서 폐병환자로 소문이 났다. 인민군에게 징집당하지 않으려는 묘책이었다.

그 와중에도 나는 서울 동덕고등여학교를 졸업하겠다는 고집을 꺾지 않았다. 용하게 38선을 넘어 서울의 오빠 처가에서 공부를 계속하였다. 6,25전쟁이 일어나 이북이 공산화가 되자 우리집에도 환란이 닥쳤다. 그 많은 땅을 다 뺏기고 피복공장도 압수당했다. 과수원은 직영한다고 안 빼앗겼다. 그나마 다행한 일이다.

나는 고등학교를 졸업하고 6,25전쟁으로 대학 진학을 포기할 수 밖에 없었다. 전후의 서울에서 아르바이트를 하면서 학업을 계속하려 했으나 여의치 않았다. 오랜 생각 끝에 교사의 꿈을 안고 중등교원양성소에 들어 갔다. 중등교원자격증을 얻은 뒤 충북 옥천여중에서 근무하게 되었다.

이북에서 공산 치하에서 살 수 없어 월남하는 사람들이 많았다. 오빠는 전가족이 월남했으면 하는 의사를 아버지에게 밝혔더니 "나는 악하게 산 일이 없으니 나를 죽이지는 않는다."고 극구 반대하셨다. 그러나 완강하게 반대하시던 아버지도 오빠의 끈질긴 설득에 못이겨 배 한 척을 세내어 월남하였다.

남북을 오가는 장사편에 부모 형제가 강구에 도착했다는 소식을 들었다. 나는 여름방학이 되어 부모님을 만나러 강구로 갔다. 저만치 언덕받이에 허름한 집 마루에 노인이 한 분 앉아 긴 곰방대를 물고 먼산을 보고 계셨다.

내가 다가 가 "여기 이북에서 피난 나온 분이 있다는데 그 작은 딸 이름이 오복이라고 합니다."라고 하자 노인은 피우던 담배대를 떨구고, 맨발로 내 손을 붙들고 부들부들 떨면서 "그러면 너는 누구냐."고 하였다. "저는 오복이 언니 계복입니다."라고 하였다. 우리 부녀는 부둥켜 안고 한없이 울었다. 세상에 이런 비극이 또 어디 있겠는가. 부녀가 서로 얼굴을 못 알아볼 정도였으니 말이다.

나는 그 뒤 옥천을 떠나 부모님과 오빠가 있는 경주로 왔다. 어려운 생활이 계속되었다. 미신을 안 믿는 아버지는 매일 새벽 우물가 돌 위에 정화수를 한 사발 떠 얹어놓고 하루 빨리 통일이 되게 해달라고 빌었다. 나는 아버지의 이런 모습을 보면서 울었다. "남북정상회담도 이루어졌으니 아버지 제발 오래오래 사세요. 이산 가족상봉도, 고향 방문도 머지않아 이루어질 것입니다."라고 위로해 드렸다.

하루는 어머니가 "얘야, 이 방에 와 봐라."고 하셨다. 이상한 예감에 가슴이 떨렸다. 얼른 방으로 들어가자 아버지는 주무시는듯 반듯하게 누워 돌아 가셨다. 아무리 부르며 통곡해도 어찌 할 도리가 없었다.

나는 너무도 억울하고 허망하였다. 아버지는 인민군에게 전재산을 몰수당하고 고향을 떠나 머나 먼 객지인 경주에서 한많은 이승을 그렇게 떠나셨던 것이다.

첫 편지

나는 함경남도 단천에서 초등학교를 마치고 곧바로 서울로 유학길에 올랐다. 그것은 딸도 많이 배워야 한다는 아버지의 강권때문이었다.

동덕고등여학교를 졸업하였다. 호사다마랄까 대학에 진학할 무렵 6.25전쟁이 터졌다. 남북이 가로막히고 사람들의 왕래도 끊겼다. 자연 학자금도 중단되었다.

전쟁이 나면 나라의 흥망이 좌우되는 것은 물론이려니와 개개인에게도 커다란 고통과 피해가 따른다. 나도 그 피해자 중의 한 사람이다. '내 인생이 허물어지는구나. 이래서는 안되겠다,' 고 생각하니 마음을 다잡아 먹으니 용기가 새롭게 샘솟았다. 고학생이란 말이 생각이 났다. 소위 지금 말하는 아르바이트이다. 이곳 저곳 직장을 찾아 헤맸지만 어린 소녀의 힘으로는 불가능하였다. 어릴 적 꿈은 멀리멀리 사라지고 말았다. 그간의 나의 사정을 아는 고등학교 선생님이 중등교원양성소를 소개해주셨다. 나는 곧바로 응시하여 단번에 합격하였다.

오빠의 처가에서 홀로 지내면서 무척 힘들고 외로웠다. 남녀공학인 중등교원양성소는 여학생수가 적었다. 내가 다닌 학과는 이수과 계통이라 여학생은 혼자뿐이었다. 아버지의 성격을 닮아 강직한 편인 나는 많은 남학생들 틈에서도 전혀 꿀리지 않고 공부에만 열중하였다.

어느 하루는 교양 강좌 시간이었다. 강사는 학생중에서 선발하였다. 선발된 학생은 초등학교 교사를 하다가 큰 뜻을 품고 다시 이 곳으로 들어왔다. 용모도 단정하고 두뇌도 명석해 보였다. 강의 내용은 교사의 마음 가짐과 수업방법이었다.

나는 학생 강사의 강의를 듣고 그 남학생에게 호감을 가졌다. 얼마 뒤 영어 시간에 선생이 갑자기 나를 지적하여 자기가 강의하던 다음 장부터 읽어보라고 하였다. 나는 깜작 놀라면서도 침착하게 영어 회화로 읽어 내려갔다. 더 읽고 싶은데 선생은 그만하고 앉으라고 하였다. 나는 순간적으로 그 학생도 나의 회화 실력을 보고 감탄하고 호감을 가졌을 것이라고 생각하였다.

아닌게 아니라 하루는 그 학생에게서 편지가 왔다. 남학생으로부터 받은 첫 편지였다. 기쁘면서도 떨리는 손으로 편지를 읽어 내려갔다. 사랑에 관한 말은 한마디도 없고 '밥할 때 물을 얼마나 붓느냐', '어떻게 하면 밥이 맛있게 되느냐'는 식의 멋대가리 없는 사무적인 글이었다.

나는 순간 엄하게 자란 탓으로 '답장을 해서는 안되지', '아니다. 답장을 하고 싶다' 이렇게 망설이다가 결국 답장을 하고 말았다. 알 수 없는 사랑의 힘에 이끌렸기 때문이리라.

얼마 뒤 그 학생에게서 편지가 왔다. 나는 '괜히 바보같은 짓을 했구나' 하고 생각하였다. 그 학생의 친구를 시켜서 "이것은 옳지 않은 일이니 이제부터는 편지를 하지 말라."고 전해달라고 하였다. 그 뒤로는 편지가 끊겼다.

지극히 봉건적인 사회에서 자랐다. 당시 연애를 하면 학교에서 정학이나 퇴학이라는 벌이 주어졌고, 집에서는 부모한테 매를 맞거나 쫓겨났다. 사회에서는 바람둥이 딸이라고 혼인길이 막힐 때였다. 지금 아이들이 들으면 코웃음칠 일이 아니겠는가.

얼마 뒤 졸업식을 하였다. 마지막이 될지도 모르니 자연 그 학생의 얼굴이라도 보고 싶어 두리번 두리번 찾아 보았지만 그는 보이지 않았다. 졸업식에 참석을 안한 것이었다. 마음 한 구석이 쓰라렸다. 나는 죄책감과 실망이 컸지만 어쩔 도리가 없었다.

이제 팔순이 넘은 고령이다. 건망증이 심하지만 이명훈, 그 이름은 안 잊혀진다. 지금 어디에서 전화번호를 보고 반갑다고, 만나자고 하면 서슴없이 달려가서 "미안했다."고 옛일을 사과할 것이다.

내가 받은 첫 편지, 참 깨끗하고 아름답고 애절한 추억이다.

초임 시절

나는 중등교원양성소 과정을 마치자 중등교원자격증이 나왔다. 자격증 종이 한 장이 나의 인생을 좌우한 것이다. 만족하지는 않지만 이제부터 용기를 내어 삶에 열성을 기울여야겠다고 결심하였다.

23살의 꽃다운 나이로 충청북도 옥천여중에 초임 발령을 받았다. 말 그대로 병아리교사였다. 농촌 지역의 공립여학교인 작은 학교라 교사가 태부족하였다. 나는 수학과 과학을 담당하였다. 거기다 교장과 교감, 여러 선생님들도 어린 나를 잘 봐주셨다. 젊은 혈기로 정성을 다하여 학생들을 가르치니 학생들도 많이 따랐다.

옥천여중은 만석군 부농의 집을 개조하여 만든 학교로 기숙사까지 마련해 두었다. 큰 골기와 지붕을 얹은 교무실이나 머슴들이 살던 행랑채인 기숙사는 풍요로운 인상을 풍겼다.

교사 전부가 밖에서 살림을 하였다. 그러니 처녀인 나에게 교장 선생님이 "김선생, 사감을 맡아주세요."하고 명령아닌 부탁을 하였다. 얼굴을 붉히면서 "하겠습니다."라고 대답하였다. 천리 밖에 고향을 두고 부모 형제도 없으니 사감으로는 적임자였던 모양이었다. 나는 현진건의 소설 「B사감과 러브레터」가 머리에 떠올랐다. '어린 처녀가 너무도 메마른, 엄격하고도 맛이 없는 사감이 되어 버리면 어쩌나' 하는 두려움마저 들었다.

그러나 나는 제법 선생의 면모를 갖추면서 일정표와 기숙사 규칙도 정하였다. 추운 날이라도 기상시간이 되면 일찍 일어나게 하고, 찬물에 청소도 시켰다. 취침시간 전에는 학생들이 자지 못하게 하고 늦도록 공부를 시켰다.

산골에서 모여 든 학생들은 떡도 해 오고, 콩을 볶아 오는 등 나날이 마냥 즐겁기만 하였다.

그러던 어느날, 밤이 깊어 혼자 책을 보고 있는데 노크 소리가 들렸다. 깜짝 놀라 "누구냐."하고 문을 열자 3학년 여학생이 힘없이 서 있었다. "왜 그러느냐."고 다그치자 같은 방에 있는 2학년 학생이 없어졌단다. 오겠지하고 기다려도 아직까지 안 와 선생님께 여쭈어보러 왔다는 것이다.

방으로 들어온 학생에게 자세히 물어보았다. 1학년 학생이 무슨 소리가 나 깨어 보니 2학년 선배가 살그머니 창문을 타넘어 밖으로 나가더라는 것이다. 시간은 많이 지났고 어두운 밤중이라 어디에서 그 여학생을 찾을 것인가 난감하기만 하였다.

뜬눈으로 밤을 지샜다. 새벽녘이 되어서야 문제의 학생이 나타났다. 3학년 실장이 외출한 여학생을 데리고 사감실로 들어왔다. 여학생은 체격도 좋고 얼굴도 예뻤다. "친구집에 가서 놀다 보니 너무 늦어서 자고 가라고 자꾸 붙잡았다."라고 변명하였다. 자다가 아무리 생각해도 걱정이 되어서 급히 기숙사로 돌아왔다는 것이다.

나는 화도 나고 놀란 기분은 무어라 표현할 수 없었다. 어디서 무엇을 하고 왔는지 의심스럽기 짝이 없었다. 자꾸만 불길한 생각이 앞섰다. 더욱이 부모도 없는 여학생이 아니던가.

나는 그 여학생에게 처음으로 얼굴을 붉히고 큰소리로 야단을 쳤다. 간혹 목소리를 낮추고 여성의 장래에 대해서, 소위 지금 말로 성교육을 하였다. 학생을 지도하면서 자신도 타이르는 마음이었다. 여학생은 겁에 질려 계속 흐느꼈다. "앞으로 다시는 그런 일을 안하겠다."는 여학생을 보니 슬퍼졌다. 순간 멀리 이북에 계시는 부모님 생각이 나 눈물이 핑 돌았다.

나는 학생들을 자기 방으로 돌려보내고 혼자 누워도 잠이 오지 않았다. 곰곰이 생각해 보았다. 어디에서 무엇을 했을까? 어떻게 처리할 것인가, 혹은 내가 괜히 지나친 생각을 하고 있는 것은 아닐까? 내일 학교에 가서 담임에게도 알리고 학생과에도 알려야 할지 고민이었다. 어리고 순박한 학생이 별일 없었던 것을 괜히 떠벌리면 마음에 깊은 상처를 받을 것이고, 그러면 나도 싫고 기숙사도 싫고 세상이 다 싫어질 것이다.

다음 날 문제의 학생을 불러 "다시는 그런 일이 없도록 하라."고 하고는 담임과 학생과에도 알리지 않겠다고 안심시켰다. "다시 그런 일이 있으면 너도 나도 벌을 받는다."고 덧붙였다. 그렇게 일단락 짓자 일벌백계(一罰百戒)란 고사성어가 떠올랐다. 문제의 이 말은 구세대의 장식품으로 끝나야 할 것이 아닐까? 노력과 정성을 들이면 한 사람을 희생시키지 않고도 잘 될 수 있을 것이다.

그 뒤 여학생은 달라졌다. 공부는 잘못했지만 명랑하고 내 방에도 자주 찾아와서 이야기도 하고 청소도 해 주었다.

6.25전쟁이 일어났다. 공산군이 학교에서 머지않은 곳까지 와 부득불 피난을 가야했다. 학교도 물론 휴교였고, 기숙생들도 집으로 돌려 보냈다. 그런데 그 여학생이 나를 찾아와 "갈 집도 없고, 전에 살던 집에는 죽어도 가기 싫다."고 하였다. 나는 단순하게만 생각하여 "그러는 것이 아니다. 집에 어떤 이유가 있는지 모르지

만 어려서 생각을 잘못하는 것이다. 살던 집으로 가라."고 타일렀다. 학생은 울면서 "네"하고 돌아 갔다.

천천히 교정을 빠져나가는 학생의 뒷모습이 사라질 때까지 지켜 보았다. 가슴 어디에선가 개운하지 않은 점이 있었지만 나의 판단이 잘못되었다는 것을 그때는 몰랐다. 그렇게 헤어지고 난 뒤 다시는 여학생을 볼 수가 없었다.

지금의 나 같으면 그 학생을 데리고 있다가 시국이 안정되었을 때 집으로 돌려보냈을 것이다. 내가 얼마나 미련했는가를 오랜 세월을 두고 후회하였다. 역시 어릴 적에는 생각이 짧고, 자기 자식을 키워 봐야 진짜 자식같은 사랑으로 학생을 교육하는 것이구나, 하고 절실하게 뉘우쳤다.

30년 전의 일이다. 그 긴 세월이 흘렀다. 앞으로도 이런 긴 길이 또 있을까?

나의 부군 윤금석씨

옥천여중 교사로 4~5년 지난 뒤였다. 이북에 계시던 부모님과 형제들이 탈북하여 강구를 거쳐 경주에 와 계셨다. 나는 혼기가 되어 학교에 사표를 내고 경주로 내려왔다. 그때 동갑내기인 윤금석씨를 소개받았다. 그도 북에 고향을 둔 처지로 동병상련이랄까? 이것 저것 가릴 것없이 우리는 결혼식을 올렸다.

부군의 고향은 함경북도 청진이었다. 친구와 둘이 인민군에 징집당하지 않으려고 남한으로 내려왔다. 탈북했다는 이유 만으로 나이를 많이 올려서 호적 신고를 하였다. 전쟁의 혼란기라 별탈없이 등록이 되었다. 물론 남쪽에서도 군에 징집당하는 것을 피하려고 그렇게 한 것이다.

월남하여 온 처지라 당장 끼니가 걱정이었다. 북에서 가지고 온 중등특수교사 자격증을 경주 근교의 작은 사립학교에 제시하였다. 그 때는 교사가 턱없이 부족할 때라 두말없이 채용되었다. 1년 남짓 교직에 몸담다가 장래성도 없을 것 같고, 또한 신변의 위험도 사라져 경주 시내로 나왔다. 당시 한창 건축붐이 일어날 때여서 건축기술자 자격시험을 쳤다. 경험도 없고 공부도 안했으니 떨어졌다. 이래서는 안되겠다 싶어 다시 공부를 하여 1년 뒤 자격증 시험에 응시했다. 보기좋게 합격이 되어 건축기술자가 된 것이다.

결혼을 하고나자 나는 다시 교직 생활이 그리웠다. 이력서와 자격증, 담당과목을 가지고 경주여중으로 갔다. 여자교장은 "여자가 그런 과목을 가리키는 것은 자기 자랑같이 생각한다."면서 즉석에서 채용해주었다.

남편의 사업도 그런대로 잘되었다. 작은 공사부터 시작했다. 세월이 흐르니 운좋게도 큰 공사와 작은 공사가 많이 생겼다. 거기다 안밖으로 돈을 버니 얼마 지나지 않자 생활의 여유가 생겼다. 결혼 당시 셋집을 얻는데도 돈이 부족하여 애를 태웠다. 돈에 여유가 생기자 작은집에서 점차로 큰 집으로 넓혀 나갔다.

세월이 흘러 경주 성건동 벌판의 넓은 대지 위에 큼지막한 이층집을 지었다. 이층집이 흔하지 않을 때라 초등학생이 지나가면서 "저것은 마귀성이다."라고 하였다. 몰래 뒤에서 그 말을 들었으나 나는 기분이 나쁘지 않았다.

넓은 정원에는 공작새, 칠면조, 산노루를 키웠다. 연못에는 금붕어와 잉어도 길렀다. 동물들이 새끼 까는 재미와 사랑을 보면서 너무도 기뻤다. 정원에는 크고 작은 20여 종의 화초와 수목을 심었다. 철 따라 피는 꽃들도 다양하였다.

빈손으로 출발하여 소위 자수성가를 한 것이다. 슬하에 2남2녀를 두었다. 우리 가족은 남부러울 것 없이 행복하기만 하였다. 그러나 '한 사람에서 열 가지 복은 안 준다' 고 했던가. 영감님은 나이 들어 심장판막증이 생겼다. 서울의 큰 병원에서 수술을 받았다. 수술받은 3년 뒤부터 당뇨병과 고혈압이 겹쳐 생을 마감하였다.

나는 생이 너무나 허망하였다. 가끔 자다가도 꿈에 영감님이 나타난다. 고인은 말이 없다. 얼굴과 행동 뿐이다. 꿈과 같은 인생 되살릴 수는 없는 일, 안타까움을 꾹꾹 누르면서 내생에서 다시 만날 것을 기약할 뿐이다.

사랑의 막대

나는 40여 년 긴 세월동안 교직에 몸 담았다. 그 중 반은 교사로, 반은 교감, 교장으로 근무하였다. 2년은 남학교에 있었고, 나머지는 여학교에서 근무하였다.

여학교에서는 학생 통솔과 수업분위기도 잘 잡았다. 잘 가르친다고 평도 받았다. 어느 해에 뜻하지 않게 남학교인 신라중학교로 발령을 받았다. 남학교 경험이 없는 내가 '잘 해내겠나' 하는 의구심이 들었다. 그 학교에는 여선생이 나 혼자였다.

1학년 수학을 담당했다. 남학생들은 1~2주 동안은 호기심에서 그랬는지 조용하였다. 그러나 점차 소란스럽고 수업 분위기가 산만하기 이를 데 없었다. 큰일났구나, 어떻게 하면 좋을까?

여학생들의 수업 분위기대로 다루어서는 안 되겠다. 여학생들은 수업 시간이 어렵고 지루해 할까봐 농담도 곧잘 하고 웃기기도 하였다. 그러나 남학생 수업시간에는 그것이 안 통했다. 오히려 농담을 하면 기어오르려고만 하였다.

한번은 속이 상해서 수업을 중단하고 숙직실로 가 혼자 울었다. 그랬더니 실장과 부실장이 숙직실로 찾아와 사과를 하였다. 성난 마음은 좀 풀어졌으나 수업 분위기가 나아지지 않았다. 담임 선생이 알고 실장을 통해서 태도가 나쁜 학생을 불러다 개별 주의를 주는 것 같았다.

하루는 제일 앞에 앉은 똘똘한 학생이 가늘고 길게 깎은 막대를 가지고 와서 "선생님, 우리 아버지가 이것을 주시면서 소란을 피우고 공부를 열심히 안하는 놈 때려주라고 하십디다."라고 하였다.

나는 그 학생에게 "고맙다."고 하고는 막대를 받아들고 어찌 해야 할지 주저하다가 순간적으로 '이 막대로 교탁을 치고 학생들에게 위엄을 보여야겠구나.' 하고 생각하였다. 여전히 소란스러운 수업 분위기를 잡으려고 한껏 위엄을 보이며 막대기로 교탁을 쾅,하고 내리쳤다. 그런데 이게 왠일인가. 교실 전체가 와아,하고 웃음바다가 되고 말았다.

그 순간 화도 안 나고 속에서 웃음이 나왔다. 그렇다고 학생들처럼 같이 웃을 수는 없어 입을 꾹 다물고 학생들만 노려보았다. 내 표정이 너무 엄숙했던지 교실 안은 이내 조용해졌다.

수업을 마치고 교무실로 돌아온 나는 반성하였다. 이제 겨우 열대여섯살의 중학교 1학년 어린놈들이 남자선생 가운데 혼자인 여선생에게 호기심을 보이고, 엄마 같이 누나 같이 만만해서 좋을 것이 아니겠는가,하고…….

나는 생각을 바꾸어 여성 특유의 부드러움으로 학생을 대하기로 하였다. 그러니 아침 등교 시간이 되면 두세 명이 집에까지 찾아 와 "선생님 빨리 학교 갑시더." 한다. 그러면 남편이 그냥 빙그레 웃는다.

점점 학생 다루는 기술도, 수업 분위기도 나아졌다. 뜻이 있고 머리가 우수한 학생은 열심히 공부하여 쑥쑥 성적도 올라갔다.

신라중학교에서의 2년간의 수업이 힘들기는 했지만 나에게는 좋은 경험과 추억거리가 되었다. 학생의 부친이 공들여 만들어준 막대로 한번도 학생을 때린 적이 없었다. 결국 사랑의 막대가 되고 말았다.

어느 선생의 눈물

드르륵, 교무실 문이 다급하게 열렸다.

여학생이 뛰어와서 '아무 선생님이나 빨리 교실로 와 달라'고 하였다. 이유를 물어본즉 더듬거리면서 ㅎ선생님이 화가 머리 끝까지 나서 "어제 선생님 이름을 부르고 욕까지 한 학생이 누구냐."고 고함을 치고 계신다는 것이었다.

나는 먼저 문제 학생을 불렀다. 여학생은 얼마나 겁이 났는지 울어서 눈이 퉁퉁 부어 있었다. 꾸중하기도 어려웠다. "왜 그랬느냐."고 물어보니 "희롱할 생각이 아니었다."고 모기 소리만하게 말하였다. 엄격하고 무섭지만 실력있고 열심히 가르치는 선생님이라는 말이 학생의 입에서 나오는 것으로 보아 선생의 관심을 끌고 싶은 마음이 오히려 역반응을 나타낸 것 같았다.

나는 학생에게 그날 밤 선생댁으로 사과하러 가자고 하였다. 학생도 순순히 따랐다. 어색한 분위기를 풀기 위하여 내가 먼저 방으로 들어가 선생님과 학생에게 앉으라고 하였다. 학생은 작은 소리로 떨면서 "잘못했습니다." 한 마디하고는 눈물을 방바닥에 방울방울 떨구었다.

나는 순간 선생의 얼굴을 쳐다 보다가 소스라치게 놀랐다. 창백하고 굳은 표정의 선생의 눈 속에 눈물이 가득 고인 것이었다. 꽉 다물었던 입술이 열리며 "교감 선생님, 이런 모습을 보여 죄송합니다. 저는 학생들이 참으로 귀여웠습니다. 맑고 초롱한 눈망울들이 나를 쳐다보고 있을 때마다 그들이 바르고 인간답게 살도록 키워야한다고 다짐했습니다. 첫 교단에 선 처지에서 너무 실망했습니다." 그러고는 다시 학생을 향하여 "너희들의 발랄함을 받아들이지 못한 나의 옹졸함을 용서해다오."라고 하였다.

남자 교사의 눈물을 본 일이 없는 나는 경이적이었고 진한 감동으로 다가왔다. 눈물의 의미를 다 읽었다. 바르지 못한 것을 용납하지 못하고 교육에 전력을 기울인 ㅎ선생. 학생은 진실한 선생의 모습과 감격 어린 눈물의 의미를 오래도록 간직할 것이다.

석별의 정표

학생들이 다 떠나간 늦가을 오후였다. 나는 교장실 의자에 깊숙이 몸을 맡긴 채 맞은 편 장식장에 세워놓은 기념패를 바라 보았다. 향나무 바탕에 황금빛 쇠붙이로 새겨진 글귀를 보면서 새삼 표현할 길 없는 감정이 솟구친다.

지난 날 부구중학교 시절이 주마등처럼 스치고 지나간다. 나는 1988년 교장으로 첫 발령을 받고 다소 흥분된 마음으로 임지인 울진군 부구면으로 향했다. 팔월 더위가 한창이지만 피서 행각이 아니라 임지로 가는 길이다.

상쾌한 바람을 맞으며 차창으로 바라보는 쪽빛 동해 바다는 무한한 상상을 불러 일으킨다. 바위에 하얗게 부서지는 흰 거품은 탐스럽게 피어난 커다란 한 송이 백합꽃이었다. 짙푸른 바다빛은 마음 가득히 설렘을 머금게 하고 삶의 의욕을 북돋워주었다.

첫 발령 받은 여선생님들은 이 아름다운 동해 바다를 보면서 어디 귀양살이라도 온 듯싶어 손수건으로 시큰거리는 콧등을 누르며 하염없이 눈물을 닦고 또 닦는다고 한다. 뒤에 들은 이야기이다.

나는 햇병아리 교사 시절, 뭐가 뭔지도 모르면서 오로지 패기와 열정만으로 학생을 가르쳤다. 학생들의 뽀얀 종아리를 때리면서 가슴 아파하였고, 속없이 화를 내기도 하였다. 또한 얼굴 붉히면서 소리도 질렀다. 지성이면 감천이라고 초년 선생님의 인기는 대단하였다. 어쩌다 몸이라도 아파 누웠을 때면 문병 오는 학생들이 줄을 이어 도저히 누워 있을 수 조차 없었다.

나는 능력이 부족 탓인지 늦게서야 교감이 되었다. 위로는 교장을 모시고, 아래로는 교사를 도와주며 함께 학생 지도를 임해야 하는 나의 입장은 참으로 미묘했다. 어디에다 정열을 쏟아야 할지 중심을 잃은 존재가 되기도 하였다.

노력해도 뚜렷한 표시도 없었다. 나의 주관이나 교육이념 같은 것은 허수아비가 된 듯 싶었다. 더러는 실의에 빠질 때도 있었다. 빈 수레바퀴처럼 헛돌 때도 있었다. 그러나 용기를 잃지 않고 나의 일에 성실할 수 있었던 것은 오직 주인공인 학생들 때문이었다.

사람의 얼굴이 천차만별이듯 학생들의 성격이나 생활도 너무나 달랐다. 공부 잘하는 아이, 못하는 아이, 금이야 옥이야 하며 자란

부유한 가정의 아이, 부모를 잃고 칠순 조모와 겨우 끼니를 연명하는 아이, 공부에는 흥미를 잃고 도벽으로 인해 문제를 일으키는 아이, 밤거리를 배회하면서 공허한 마음을 달래는 아이……. 나는 그들을 바라보면서 내가 할 일을 깨닫곤 하였다. 현 위치에서 내가 해야 할 일이 무엇이고 어떤 것이 최선인가를 늘 생각하였다.

강산도 변한다는 10여 년의 교감 생활 뒤 교장 발령을 받았다. 이제는 교육자로서의 뜻을 마음껏 펼쳐 볼 수 있는 정상에 오른 것이다.

한편 무거운 짐이 가슴을 짓누르는 압박감도 느낀다. 하여튼 무슨 위대한 존재나 된 것처럼 온갖 꿈들이 머릿속으로 소용돌이친다. 곡식은 일 년 계획이요, 나무는 십년 계획이요. 사람은 백년 계획이라는데…….

목적지인 울진의 부구중학교에 도착했다. 푸른 소나무가 빽빽이 둘러선 아늑한 학교였다. 방과 후라 남아 있던 몇 분 선생님이 반갑게 맞아 주었다. 젊은 선생님들의 표정이 밝았다.

교장 경험이 없는 나로서는 부족한 것이 많겠지만 열의와 꿈으로 가득 차 있었다. 그런데 이게 웬일인가? 날이 갈수록 불덩어리

같이 타오르던 정열이 꺼지려 하니 말이다. 이 곳 학생들이 우물 안의 개구리라 사회나 가정 환경의 자극제가 없어 공부에 대한 열의가 부족하고 전혀 꿈이 없는 것 같았다. 농어촌 지역인 이곳에서는 생활고에 허덕이다 보니 학부형들의 관심도 전혀 쏠리지 않았다.

이것 참 큰일이구나. 우리 선생님들의 책임이 너무나 무겁구나, 하는 생각이 가슴을 짓눌렀다. 취약 지구인 이곳 학교 시설이나 교사 사택은 측은할 지경이었다. 어디에서부터 잘못된 것일까 회의가 느껴졌다.

학생들의 정서도 키워주고 학력도 높여 주어야 한다. 나는 심호흡하고 다시 마음을 가다듬었다. '천리 길도 한 걸음부터' 라고 생각하고 다시 진정을 되찾을 수 있었다.

부구중학교에는 실력 있고 젊고 의욕에 넘치는 선생들과 노련한 교감 선생이 계셨다. 손발을 걷어붙이고 같이 노력하면 안 될 것이 무엇이랴. 기회를 보아 조촐한 친목회를 가졌다. 다행이 전 직원은 마음이 잘 맞았다. 한바탕 웃고는 신나게 노래도 부르며 손뼉도 치면서 손에 손을 잡고 내일을 위하여 다짐도 하였다. 그 뒤 백년지대계의 첫 걸음을 씩씩하게 내디뎠다.

지금도 그때의 감격적인 장면을 잊을 수가 없다. 새 학기 어느 날 교육감 초도 순시가 있었다. 울진의 초라한 오지까지 찾아와 주신 그 분이 그지없이 고맙기만 하였다. 농어촌 지역이며 해안 취약 지구인 이곳의 여러 가지 애로 사항을 건의하자 많은 부분들을 들어주셨다. 우리 선생님들의 표정과 마음도 한결 생기가 돌고 수업 시간도 훨씬 신이 났지만 초임 교장인 나는 더욱 신바람이 났다.

친목회 때면 늘 장만하던 생선회와 군침 도는 초장맛을 잊을 수 없다. 요즘도 그때를 연상하며 생선횟집을 찾곤 하지만 그 맛이 아니다. 선생님들의 노래 솜씨들 또한 일품이었다. 한데 어울려 합창도 하고 신바람 날 때면 간혹 뒷산의 부엉이도 반주를 하고, 밤하늘의 보름달마저 싱글벙글 웃는 듯 하였다.

이렇듯 정답고 애정 어린 부구중학교를 떠나 지금은 송라중학교에서 기념패를 어루만지며 옛일들을 반추한다. 괘종시계가 5점을 친다. 퇴근시간이다. 창 밖에는 마지막 남은 낙엽 하나가 떨고 있다.

그래 그 시절로 돌아가자. 그 때나 지금이나 달라진 것은 없다. 이곳에서 다시 정열을 쏟아야지. 학생들이 즐겁고 평화스럽게 뛰

놀며 자신의 삶의 기틀을 바로 잡을 수 있게 도와주어야지. 직장이라기보다 교육자로서의 보람이 생기도록 최대한 뒷바라지를 해야지. 이렇게 다짐하면서 '석별의 정표'패 밑판의 은은한 향내를 음미한다.

2

따뜻한 동쪽 방

따뜻한 동쪽 방

방에 앉아서 벽에 걸려 있는 「따뜻한 동쪽 방」을 쳐다본다. 그림을 감상하면서 상상의 나래는 한없이 이어진다.

검은 머리가 파뿌리가 될 때까지 부부들이 살다가 같이 생을 끝맺는 일은 없다. 그림의 작가인 노부부는 다행히 육십 평생 긴긴 세월 동안 동고동락하였다.

햇빛이 잘 드는 따뜻한 동쪽 방에 앉아서 진한 커피를 마시면서 정담을 나눈다. 갑자기 할아버지가 "여보, 나는 능력이 없어서 착한 당신을 편하고 행복하게 살피지 못했어요. 미안해요." 그러자 할머니는 "무슨 그런 말씀을 합니까? 나는 당신의 그늘 아래서 무척 편하고 행복했습니다."하고 얼굴이 붉어지면서 대답한다.

두 분은 커피를 천천히 음미하면서 흐뭇한 정이 오간다. 따뜻한 동쪽 방은 차차로 어둠이 깔리기 시작한다. 자식들도 건강하고 말썽없이 잘 자라서 각자 자기 삶에 충실하다고 한다.

할아버지는 꿈에서 깨어난듯 정신을 차리고 보니 이쁘고 착한 할머니가 보이지 않는다. 안개 낀 먼 곳을 바라보니 할머니가 그 안개 속에서 손을 흔들면서 자꾸 사라지는 것이 아닌가. "여보 할머니, 어디로 가요. 가지 말아요. 가지 말아요. 가려면 나와 같이 가요."하고 부르짖어도 소용이 없다. 드디어 할머니는 안개 속으로 사라지고 말았다. 언젠가는 나도 그 길을 따라 찾아 가겠지,하고 체념한다.

잠시 나하고 대화를 나누었다. 성격이 온화하고 분명한 분이다. 자기는 열중하는 일이 있어서 무척 기쁘단다. 성경에 '항상 기뻐하라.' 는 구절이 있는데 나는 부러웠다.

기쁜 일이 별로 없는 사람이 어떻게 기뻐하나. 성경 귀절에 회의를 느낀다. 이런 사고 방식은 믿음을 가진 내 병이 아닌가 생각한다. 이 병을 고치려고 노력하였으나 잘 안 된다. 그 분도 신앙에 대해서 갈등을 느낀다고 한다. 좋은 학벌에 다양한 공부를 하였는데 그 실력과 노력의 댓가만큼 세상에 활용이 안 되었다.

사람은 정말로 나약한 존재이다. 하나님께 의지해본다. 기도해본다. '구하면 이루어지니라' 고 하였다.

따뜻한 동쪽 방을 한번 더 쳐다 보았다.

저물어 가는 오후의 은은한 햇빛 아래에서 나타난 그림 속의 수

반에 담긴 붉은 색의 진달래는 봄과 희망을 느끼게 한다. 찻잔에서 풍겨나오는 차향기는 마음을 안정시키고, 접시 위의 꽃송이는 기쁨을 준다.

산책길에 만난 사람

새벽 5시면 어김없이 눈이 뜨인다. 간단한 차림으로 산책길에 나선다. 아침 공기가 맑고 상쾌하다. 내 기분을 방해하는 것은 아무 것도 없다. 산책길은 칠천보는 느끈히 된다. 목적지로 가서 간단한 운동도 하고, 작은 소리로 노래도 부르며 시조도 읊는다. 고민도 우울함도 다 사라진다.

매일 다니는 이 길에서 40세 초반의 남자를 만난다. 왼쪽 팔을 흔들흔들하고 왼쪽 다리도 약간 절룩거린다. 중풍 환자이다. 건강을 회복해 보겠다고 열심히 걷는다.

땀을 흘려 얼굴이 벌겋다. 남을 의식하지 안고 멀리만 주시한다. 삶의 의지와 꾸준한 노력에 감동하였다.

나는 신을 믿지 않으면서도 "오 하나님, 저 사람을 도와주세요."라고, 늘 그를 만날 때마다 기도한다.

자세히 보다 또 하나 놀라움을 발견했다. 그는 단순히 운동만 하는 것이 아니었다. 땅바닥에 널려 있는 휴지도 줍고 잡초도 뽑는다. 나는 순간 부끄러웠다. 휴지는 종종 줍지만 잡초까지는 뽑지는 않는다.

그의 육체는 불편하지만 정신은 건전하다. 삶에 대한 진지한 의지, 꾸준한 노력, 세파에 대한 초연한 자세, 또한 보통 행인도 잘 안하는 일까지 서슴치 않는다.

나는 속으로 "오 하나님 그 분이 건강한 몸이 되도록 꼭 도와주세요."라고 다시 빌어본다.

나는 그래도 행복해

며칠 전 머리 손질을 하러 미장원에 갔다. 차례를 기다리고 있는데 드르륵 문이 열렸다. 연세가 지긋한 할아버지가 할머니 손을 붙잡고 들어와 의자에 천천히 앉혔다.

할머니가 알아듣기 힘든 말로 뭐라고 하자 할아버지는 "기술자가 알아서 곱게 해줄테니 가만히 있으라."며 할머니의 등을 가볍게 다독거렸다.

나는 머리 손질이 끝난 뒤 일부러 할아버지 옆자리에 앉아서 "할머니가 어디 편찮으십니까?" 하고 물었다.

할아버지는 내 물음에 대뜸 크게 한숨을 내쉬면서 말문을 열었다. 6~7년 전 할머니가 옆구리가 결리고 아프다고 했단다. 병원에 가니 신경통이라고 해서 약을 썼지만 소용이 없고 점점 병세가 심해졌다.

할머니는 "내 병은 암일 것이다. 못 고치는 병에 걸렸고 얼마 안 있어 죽을 것이다."며 우울해 하였다. 병원에서 우울증으로 진단했는데 할머니는 갈수록 말과 행동이 이상해졌다. 급기야 5년 전부터는 병원에서 치매라고 해서 잘 고친다는 병원은 여기저기 다 다녀 보았지만 아무 효과가 없었다. 그 뒤부터 할아버지가 할머니에게 밥을 먹여주고 목욕도 시켜 주었다.

나는 할아버지의 이야기를 듣고 있다 어느새 눈시울이 붉어졌다. "할아버지, 수고하시네요."라고 말했다.

할아버지는 "예전에 할머니는 나를 정성껏 받들고 보살폈는데, 나는 남자랍시고 애만 먹이고 고생만 시켰지. 내가 지금 그 은혜에 보답하는 건지, 그 죄의 댓가를 치러는 건지 모르겠어. 하지만 어찌됐건 내가 지금 저 할망구가 없으면 무슨 재미와 사는 보람이 있겠어. 나는 그래도 행복해."라고 뜻밖의 말씀을 하셨다.

그때 나는 보았다. 할머니의 입술이 약간 달싹거리며 두 눈에 눈물이 어른거리는 것을…….

내 마누라는 어디 갔어

어느날 일이었다. 역 대합실에서 기차를 기다렸다. 천태만상의 사람들이 바쁘게 왔다갔다 하였다. 한가한 시간에 사람 구경도 흥미롭다. 그런데 용모가 단정한 중년 남자가 혼자 히죽히죽 웃으면서 손은 흔들거리며 춤을 추는 것이 아닌가. 옷은 좀 남루하게 입었지만…….

나는 '저 사람이 술을 먹고 약간 이성을 잃은 행동을 하는구나'라고 생각했다. 옆에는 할머니 두 사람이 앉았다. 중년 남자는 우리 쪽을 멀거니 쳐다 보더니 "내 마누라는 어디 갔어. 내 마누라는 어디갔어."하고 연거푸 두 번 부르짖고 또 다시 빙그레 웃으면서 사라졌다.

나는 순간 가슴이 저리고 눈물이 핑 돈다. 얼마나 고생과 상처를 입었으면 저렇게 정신마저 돌았을까?

젊은 사람의 가정 사정을 상상해 봤다. 남편이 실직했다. 아무리 애써도 생활이 어려웠다. 술을 마시고 세상을 원망하고 자기 마음을 달래면서 잊으려 해도 안된다. 그러니 가정에서 부인과 아이들에게 이성을 잃고 화풀이를 한다. 폭언과 폭행의 나날이다. 참지 못한 부인이 가출한다. 아이들도 빗나간다.

드디어 남편은 고민, 실망, 죄책감, 원망이 뒤엉키면서 이성을 잃는다. 정신이 돈다. 그는 어디에 의지해야 하나. 누구에게 하소연하고 도움을 받고 다시 살아날 수 있는가. 보이지 않는 마음의 믿음이라도 있었더라면 저렇게 정신이 돌고 방탕하지는 않았을 것인데……. 되돌릴 수 있는 때는 이미 늦었구나. 그러면 영원히 구제불능이란 말인가. 너무나 가혹하다.

사바세계를 내려다 보고 죄없는 사람의 고민, 고통을 풀어주는 위대한 힘은 어디서 어떻게 나타날 수 없는 것인가. 하다 못해 많은 불자들의 기도로 그런 분들을 구제할 수만 있다면 오죽이나 좋을까? 나는 마음으로 그 분이 재생되기를 간절히 빌었다.

북 치고 장구 치는 딸에게

영아, 너는 6살 때 매우 위험한 병을 앓았다.

그 날, 세상 사람들 모두 곤히 잠든 새벽에 어린 네가 펄펄 끓는 몸으로 숨을 할딱거리는 모습은 차마 못 보겠더구나. 시름과 공포에 쌓인 우리는 너를 큰 병원으로 데리고 갔다. 의사가 "조금만 더 늦었어도 이 아이는 죽을 뻔했습니다."고…….

다행히 영아는 수술을 받고 보름만에 건강한 몸으로 퇴원했다. 그 때를 생각하면 지금도 가슴이 두근거린다. 돌이켜 생각하니 나는 너무도 냉정하고 엄격한 사람이었던 것 같다. 평소에도 너희들을 안아 본 일 없고, 그 위험한 병에서 완치되고 퇴원한 뒤에도 아버지는 남들처럼 기쁨과 애정표시를 해본 일이 없다.

그러던 네가 벌써 35살이 되어 두 아이의 엄마가 되었구나. 네가 남편과 같이 장사하느라고 아침 일찍부터 밤 늦게까지, 거기다 살림에다 두 아들 뒤치다꺼리에 장구 치고 북 치고 바쁘구나.

어릴 때 아프던 그 때를 생각하니 애처로운 마음도 든다마는 젊어서 고생은 돈 주고 사서도 한단다.

부디 건강한 가정, 행복한 가정을 이루도록 해라. 잔정을 못 베푼 댓가로 내가 그 몇 배로 기도해주마.

홀로 여행

나는 간단한 옷차림으로 홀로 해인사행 버스에 몸을 실었다. 달리는 버스 차창 너머 주마등 같이 펼쳐지는 가을 풍경에 감회가 깊다. 잡념이 들 틈이 없다. 종점에 가기 전에 해인사에 가실 분은 내리라고 한다.

해인사 입구에 다다르니 노인들의 입장료는 안 받는다고 한다. 가야산은 오색찬란하고 등산객들의 차림새도 화려하여 한 폭의 그림이다.

모두들 짝이 있다. 새삼스럽게 돌아가서 올 줄 모르는 그 사람에 대한 그리움과 슬픔에 잠긴다. 눈물을 흘리고 닦고, 흘리고 닦고 해도 아무도 아는 사람도 없다. 홀로 여행이 좋은 점이 있구나. 나 같은 처지에 있는 사람에게는 안성맞춤이구나 싶었다.

가랑잎을 밟고 좋은 경치도 감상도 하면서 허전한 마음도 달랬다. 500년이 넘은 고목이 길가에 우뚝 서 있다. 시커멓게 삭고 속은 텅 비었다. 꼭 내 마음 같다. 인생의 무상함이 연상되지만 자연의 섭리도 세월의 침묵도 읽게 한다. 약간 다리가 아프고 피곤을 느낄 때 길가에 나무판에 크게 쓴 '이뭐꼬' 란 글씨가 눈에 들어온다. 전통찻집이다.

나무계단을 올라 통나무 찻집에 들어가니 안은 고풍스럽다. 나 같이 홀로 여행하는 젊은이가 멍하니 밖을 내다 보고 앉아 있다. 누구에게나 희로애락은 있기 마련인가 보다. 어린 소녀가 메뉴판을 가지고 왔다. 쌍화차를 시켰다. 그것 또한 일품이다. 약간 씁쓸하면서 달콤하고 깊은 맛이 공허한 마음에 인생의 진미를 느끼게 한다.

가고 오지 않는 그 사람이 또 생각난다. 같이 쌍화차를 마시면서 우리 둘이 걸어 온 지난 날의 많은 이야기를 나누어 보았으면……. '이뭐꼬' 눈을 감고 눈물이 나오는 것을 억지로 참는다. 꺽,하고 복바치는 설움이 순간적으로 터진다. 아무도 모르고 아무도 듣지도 못했다. 불교 서적 세 권을 사 들고 찻집을 뒤로 하고 나왔다.

드디어 해인사에 도착했다. 가야산에 200만평되는 골프장 설립에 반대하는 서명도 했다. 가야산은 명산 중의 명산이요, 그 속에 자리한 해인사는 명찰이다. 많은 신도들이 남녀할 것 없이 부처님 앞에서 절을 하면서 기도하는 모습은 경건하다. 사람은 약하다. 무엇엔가 의지하고 기도하면서 반성하고 맹세한다. 선을 갈망하면서 의롭게 잘 살아보려고 한다.

팔만대장경판을 보관하는 장격각 앞에 도착했다. 8만여 개의 경판에는 인간의 번뇌와 경문을 새겨두었다. 16년이란 긴 세월에 완성했단다. 자작나무와 산벚나무를 통째로 바닷물에 3년간 담궜다가 꺼내어 조각을 내고, 또 다시 소금물에 삶았다. 그것을 그늘에 말린 다음 대패로 깎은 뒤 경문을 구양순체로 쓴 뒤 판각한 것이다. 한 자 한 자 팔 때마다 절을 하였다고 한다. 놀라운 일은 서른명이 쓰고 판 것인데 한 사람이 판 것처럼 한결 같고, 오자, 탈자 하나 없다. 실로 감탄스럽다. 어느 나라 대장경과도 비교가 안 될만큼 자랑스럽다.

흐뭇한 마음으로 귀로길에 섰다. 사진도 찍었다. 약간 배도 고프고 다리도 아파 작은 식당으로 들어갔다. 텅 빈 식당에는 손님 기척에 처녀같은 여인이 "무엇을 잡수겠느냐."고 한다. 도토리묵과 동동주 한 잔을 시켰다. 금강산도 식후경이라는 음식이 너무도 맛있었다. 술은 묘약이지. 또 그 사람이 또 생각난다. '이뭐꼬' 그 사람은 어디에 무엇하러 외롭게 누워 있고, 나는 혼자 이 꼴인가.

아줌마가 나를 보더니 "무슨 괴로움이 있습니까?"라고 물었다.

"얼마 전에 영감이 나를 두고 혼자 돌아 오지 못하는 길로 갔어요."라고 하자, 여인이 다소곳이 앉으면서 "그래도 할머니는 오래오래 행복하게 사신 것 같네요."라고 말한다. 그러고 줄줄 풀어놓는 하소연인즉 남편과 둘이 다 대구에서 대학도 나오고 연애결혼하여 6년간 살았단다. 그 사이 애가 안 생기고, 남편은 회사 공금을 몇 천만원이나 손해보였고, 거기다 바람까지 피우더란다. 여자와 같이 차 타고 놀아나다가 차 사고로 남편만 그 자리에서 즉사했단다. 순간적으로 나는 "죄 받았구나."하고 생각하였다.

내 생각, 그 아줌마 생각까지 하면서 눈물을 방울방울 흘렸다. 아줌마는 휴지를 갖다 주면서 끝까지 냉정했다. 내가 쳐다보면서 이상한 표정을 하니 "나는 눈물도 안납니다. 이제부터라도 평범하면서도 행복한 삶을 찾겠습니다."라고 한다. 나이는 서른이었다. 웃어야 할지, 울어야 할지, 격려해야 할지 아무 말도 안 나왔다. 내일 모레가 49제라면서 대구로 가야 한다고 자리에서 일어섰다.

그때서야 나이든 아줌마가 들어왔다. 젊은 아줌마의 엄마인 주인이었다. 더 팔아주고 싶은 생각에서 파전과 동동주를 한 잔을 더 시켰다.

나는 가슴이 슬픔으로 꽉 찼다. 파전은 안 먹히고 동동주만 술술 넘어 간다. 잔이 빈 다음에야 자리를 털고 일어섰다.

돌아오는 버스 안에서 아줌마 생각, 내 생각으로 심신이 피로하였다. 잠이 스스르 왔다. 깨어보니 어느새 대구에 도착하였다.

사바세계는 천태만상이구나. 홀로 떠난 하루 여행은 불안한 내 마음을 안정시켰다. 높은 가을 하늘을 다시 올려다 보고 먼 능선도 바라보면서 한숨을 내뱉고나니 흐뭇한 여행이 되었다.

3

병실 풍경

첫눈

아침 식사를 마치자 옆 침대의 젊은 아줌마가 창문을 열고 바깥을 가리킨다. 나는 밖을 내다보는 순간 "와아, 겨울 첫 손님이구나."하면서 휠체어에 올라탔다.

창가에서 바라보니 시야가 흐려서 가까운 곳만 보인다. 하늘 가득 하얀 솜털같은 눈이 자욱하게 내린다. 동풍인지 서풍인지 바람에 가볍게 나부끼면서 한없이 내린다. 눈은 길에도 쌓이고 지붕에도 쌓인다.

그래도 차들은 쉴새없이 다닌다. 낭만을 즐기는 청춘 남녀는 우산도 쓰지 않고 손을 꼭 잡고 걸어간다. 가끔 중년 아줌마와 아저씨들은 낭만은 아랑곳 없이 우산을 받고 조심스게 걸어간다. 상점에는 주인이 나와 빗자루로 눈길을 쓸고 있다.

나는 다시 하늘을 쳐다본다. 아무 걱정이 없어 보인다. 내 마음도 저랬으면 오직 좋을까? 두 눈에서 주르르 눈물이 흘러내린다. 한참 보고 있으려니 눈발은 더 세어져 소복하게 쌓인다. 내 마음에는 근심 걱정이 쉴새없이 눈처럼 쌓이는데 한숨을 내쉬었다. 다른 환자들을 의식해서 창가 자리에서 뜨 침대에 와서 누웠다.

나는 교통사고로 오른쪽 다리 아래 뼈가 부러진 상태다. 마음속에 쌓인 근심 걱정은 가슴을 짓누르면서 아프게 한다. 성하지 않은 몸으로 아들 생각이 간절하다. 지금 무엇을 하고 있을까? 아픈 몸에 죽이라도 먹고 있을까? 고통을 견디느라 쪼그리고 참고 있는가. 이유 없는 흥분과 울분에 고민하고 있는가.

나는 또 창문을 열고 밖을 내다보았다. 소복소복 쌓이는 눈은 여전하다. 하얀 눈을 뒤집어 쓴 차들은 도깨비 같이 엉금엉금 기어다닌다. 농사를 짓는다는 할머니 환자는 눈이 오면 농사에는 좋으나 너무 많이 올까봐 걱정이라고 한다.

내 장래는 어찌 될꼬. 또한 중병에 걸린 아들의 미래는 어찌 될꼬. 내가 퇴원해서 엄마로서 최선을 다해서 할 수 있는 일이 무엇일까 매우 걱정스럽다. 태양빛이 반짝이면 소복이 쌓인 저 눈도 아름다움을 뒤로 한 채 사르르 녹아 없어질 것이 아닌가.

아들에 대한 모든 미움이 사라지고 불쌍한 생각만 든다. 유한한 인생, 제발 믿는 마음으로 초로와 같은 인생에 미련을 남기지 말고 조용히 살았으면 좋겠다. 저 아들에게 혹시 가혹한 일이 닥치면 나는 교회도 중단하고 하나님도 안 믿게 될 것이 아닌가. 믿음이 확고하지 못한 내가 또 하나님께서 노하실 소리를 한다.

하나님 아버지 제발 저를 붙잡아 주세요. 우리 집에 언젠가는 복이 오고 웃음이 꽃피는 날이 오도록 도와주세요.

유한한 인생

아들이 지방에서 위암 진단을 받았다. 수술하려면 상당한 시일을 기다려야 한다기에 좀 더 빨리 된다는 서울 OO병원으로 왔다. 2005년 1월 3일 수술날을 예약하였다.

처음에는 아들이나 나나 담담했다. 아들이 "내가 잘못해서 걸린 병인데 누구를 탓하겠느냐."고 했고, 나도 "요새 의술이 좋으니 수술이 쉽게 되고 잘 나을 꺼야."라고 대답하였다. 많은 사람들이 수술하고도 오래 살더라는 소리도 들었고 수술비도 마련해 놓았다. 신기하게도 큰 걱정이 안되었다.

엎친 데 덮친 격으로 나는 교통사고를 당하여 지방병원에 입원하였다. 그러니 아들의 수술 때 상경도 못하고, 수술 뒤 간호도 못할 형편이었다.

드디어 수술날인 1월 3일이 되었다. 의료진들은 환자에게 친절하게 안심시키고 "수술시간이 아마 4~5시간이 걸릴 겁니다."라고 했다. 그 한마디가 뒤에 어떤 일이 일어날지 아무도 상상하지 못하였다.

12시에 아들이 수술실로 들어갔다고 경주로 연락이 왔다. 한 시간만에 수술이 끝나고 아들은 중환자실로 안 가고 일반 병실로 갔다는 소식이 또 날아왔다. 나는 이상하다 싶으면서도 수술이 쉽게 되었는가 보다라고 생각하였다. 환자가 마취가 깼다. 4~5시간 걸린다던 수술이 왜 한 시간 밖에 안 걸렸나, 사정이 있어서 수술을 안한 것이 아닌가,하는 의심이 들자 정신이 혼미한 상태에서도 아들은 '무엇인가 잘못이 있구나' 하고 짐작이 갔을 것이다.

아들은 옆에 사촌형이 있는데 이성을 잃은 사람 같이 이 사람 저 사람 이름을 불러대면서 욕을 하기 시작하더란다. 허전하고 허무하고 괘씸한 상태에서 울부짖었을 것이다. 나는 충분히 이해가 간다. 찾아오는 문병객들에게 환자가 좀 조용하고 풀이 죽어 있어야 할 터인데 계속 이 사람 저 사람 흉을 보면서 지껄여댄다는 것이다.

정신이 흥분되어 있는 것이다. 실망과 포기, 낙심 뒤에 또 한편으로는 실오라기 같은 생의 애착심이 작용했는지 친구를 보고 "나는 고향에 가서 먹고 싶은 것 마음껏 먹고, 술도 실컷 마시고 놀러 다니겠다."고 하더란다. 또 한편으로는 "나는 강한 체질로 간에까지 안 번졌으니 항암치료를 하면 살아 날 수 있을 것이다."고 하더란다.

병의 상태로 봐서 1년 이상 못 산다고 의사진단이 나온 것이다. 그러나 아무도 본인에게 이 말을 못했다. 실망 안 하도록 그 정도의 희망이라도 가지고 정해진 시간까지 살게 할 것이다.

나는 얼마나 많은 기도를 올렸는지 모른다. 하나님은 계획이 있고 하나님 처분에 맡기라는 말도 들었다. 또다시 기도를 올렸다.

이것이 하나님의 계획이고 처분입니까? 그러나 원망 안 하겠습니다. 복종하겠습니다. 살릴 수는 없다고 생각합니다. 제발 가는 마지막 날까지 초로와 같은 인생길 미련을 갖지 말고 큰 고통없이 담대하게 그 날을 맞이 할 수 있도록 도와주세요. 그 아이에게 죄가 많아서 그런가 마귀 사탄이 붙어서 저런 무서운 병에 걸렸는지 모르겠습니다마는 그러고 저 아이는 자기 성격 결함으로 행복하게 살아본 일이 별로 없습니다. 자기는 하나님을 안믿었지만 엄마의 기도로서 불쌍하게 여기시고 저 세상에서나마 행복하게 살 수 있도록 천당에 인도해주십시오. 천당에 자리가 모자라면 엄마의 자리라도 내어주십시오. 간절히 간절히 부탁합니다. 예수님의 이름으로 기도드립니다. 아멘.

병과 돈

황금 만능시대라고 한다. 돈이 그렇게도 좋고 돈이면 무엇이든지 다 할 수 있다는 이야기 같다. 그렇지. 돈이 좋지. 돈이 많으면 맛있는 음식도 실컷 먹고, 예쁜 옷도 얼마든지 사 입고, 아파도 돈을 많이 쓰면 나을 수 있고 살 수 있으니 말이다.

그러나 돈에 웃고, 돈에 운다는 말도 있다. 경우에 따라서는 돈이 사람을 행복하게 할 수도 있고, 불행하게 할 수도 있다는 이야기인가 보다. 사랑도 돈으로 살 수 있는가? 가능할 때도 있고 불가능할 때도 있다.

사경을 헤매는 중환자의 경우는 어떨까? 아들이 위암 진단을 받고 수술하려고 개복하였다. 이미 때를 놓쳐 수술할 수가 없다고 한다. 의사의 판단에 따라 도로 덮어버렸다. 환자도 청천벽력 같은 소리에 이성을 잃고 흥분을 하였다. 이 사람, 저 사람을 불러대면서 욕을 하고 소리도 질러댄다. 그렇게 하루 이틀이 지나갔다.

아들은 다시 심사숙고하더니 주치의와 종양내과 의사와 상의한

결과 항암주사를 맞기로 했다. 3주에 한번씩, 3번 맞은 뒤 CT 촬영을 하여 상황이 나아지면 다시 수술을 해보자고 했단다. 그런데 놀랄 일이 있다. 주사 한 대가 80만원이다. 세 번이면 240만원, 기타 비용을 합해 어림잡아 300만원이나 든다.

넉넉하지 못한 살림에 기가 막히고 한숨만 나온다. 냉담한 주위 사람들은 항암치료를 해도 별효과가 없다고 하니 돈만 없애는 것이 아닌가 한다. 생명과 돈, 그 어느 것도 바꿀 수 없는 일이다. 물에 빠진 놈 지푸라기라도 붙잡고 싶은 심정이다. 이제 쉰의 나이에 죽을 수는 없다. 생의 애착이 간절한 것은 당연한 일, 돈은 있다가 없을 수 있지만 생명은 단 하나 뿐이 아닌가.

엄마의 심정은 돈은 잃을 수 있어도 귀한 아들을 잃을 수가 없다. 생명을 더 연장할 수 있을 지 모른다. 순간적인 희망일지라도 만족시켜 주자. 과연 돈이 만능인가? 하나님 처분대로 맡겨본다. 그러나 하나님을 볼 수도 없다. 지시하는 소리를 들을 수도 없다. 하나님께서 죽을 수 밖에 없다고 하시는 것인가? 안 된다. 무슨 힘으로든지 살려야 한다.

아들은 지금쯤 7시간이나 항암주사를 맞고 서울에서 경주로 내려오고 있을 것이다. 나는 한없이 착잡해진다. 아들도 차창을 내다보면서 불안하고 우울한 심정에서 울고 있을 것이다.

돈이 절대적인 만능은 아닌가 보다. 창문을 열고 멀리 늘어서 있는 능선을 바라 보고 또 다시 흐린 하늘을 쳐다 보았다. 그리고 한숨을 내쉬고 눈을 감았다.

마지막이 될 생일

병실 생활을 하다보면 세월의 흐름에 둔감해진다. 오늘이 몇 일인지, 무슨 요일인지 모르고 지냈다. 꼭 알아야 할 필요성을 못 느낀다. 그러나 너무하다. 2005년 1월 28일은 큰아들의 생일이다. 엄마가 애살이 없어서 그러나 애정이 없어서 그러나 미안하다.

며느리가 친정 여동생에게 연락하여 내게 알려주었다. 이 생일이 마지막이 될지도 모르는데 엄마란 사람이 너무 했구나. 애정 결핍도 아니다. 나는 좌우간 잘못했다고 자책감을 느꼈다.

아들은 지금 항암주사를 맞고 있다. 음식도 잘못 먹던 아들이 생일 땐 처제가 소고기 미역국과 전복죽을 쑤어왔더니 달게 먹고는 두세 번 "고맙다."고 했단다. 도도하던 아들의 심신이 쇠퇴해 가는 모양이다.

내년에도 아들은 생일을 맞이 할 수 있을까? 쾌유의 조촐한 생일잔치를 치럴 수 있을 것인가. 아니면 허망한 빈 가슴을 움켜쥐고 너는 어디 갔느냐고 울부짖고 있을 것인가.

옛날을 잠깐 회상해본다.

나는 좀 아픈 상태에서 첫애기를 나았다. 금쪽같은 내 새끼를 낳고 육아법을 몰라 우리 부부가 교대로 밤에 잠도 못 자면서 우유를 데워서 먹였다. 낮에는 유모에게 맡겼다.

좀 커서 걸을 때가 되어서 길을 가다가 넘어지면 "니 스스로 일어서라.", "아파도 남자는 우는 것이 아니다."라고 우리는 일으켜 주지 않았다.

아이는 울먹이면서 우리를 원망스럽게 쳐다보면서 흙묻은 손을 턴다. 자립성을 키운다는 가정 교육때문이었다. 그런 결과가 먼 훗날 이런 비참한 상황이 될 줄이야 누가 알았을까? 허망한 꿈이여! 빨리 깨어라.

나는 아들의 음성이라도 듣고 싶어서 집으로 전화를 내었다. 아들은 자는지 귀찮은지 통화가 안된다. 마지막이 될 지도 모르는 아들의 생일날. 아들도 못 보고 음성도 못 들었다.

밖을 내다 보았다. 내 마음 속과 같이 어둠이 깔려 있다. 한숨을 쉬고 펜을 그만 놓아버렸다.

최후의 순간

나는 79세이다. 앞세운 쉰살의 아들에 대해 글을 쓴다는 것은 철없는 일이 아닌가 싶기도 하다. 부끄러운 생각과 걱정도 되지만 내 슬픔과 아픈 가슴이 다소나마 엷어지겠지하는 심정에서 이 글을 쓴다.

병원 입원실이다. 말기 위암의 아들이 누워 있고, 옆에는 나와 며느리, 손자 둘이 침울한 분위기 속에 잠겨 있다. 환자의 가슴에 붙여놓은 심장박동기의 수치가 141~139를 오르내린다. 아들은 의식이 약간 있는 상태에서 속이 답답한지, 보고 싶은 사람을 찾는 것인지 허공에 대고 두 팔을 허우적거린다. 하고 싶은 말이 있는지 윗입술도 가끔 움직인다.

작은 손자가 아버지의 두 볼을 감싸고 "아빠, 경식이다. 가지 말아 아빠. 가지 말아."하고 눈물을 흘리면서 흐느낀다. 순간 아들의 머리가 아래 위로 다소 움직인다. 의식이 있어서 알아들은 것 같다. 손자는 더 크게 소리내어 운다. 며느리는 "여보 여보, 정신 차려요. 가면 나는 어쩌라고." 소리치면서 운다. 역시 머리를 약간 한쪽으로 돌린다. 며느리가 더욱 소리내어 운다.

심장박동기의 숫자는 세 자리에서 89~71 두 자리로 점차 줄어든다. 허우적거리던 손에도 힘이 빠진다. 또 다시 숫자는 30~20으로 준다. 허우적거리던 손이 딱 멈춘다. 입원실에 통곡소리로 꽉 찬다. 피골이 상접한 아들의 얼굴은 높은 코만 더욱 우뚝하고 입을 약간 벌린 채 엄숙할 정도로 고요하다. 괴로워서 찡그린 표정도 없고 근심같은 것은 아예 없었던 사람같다. 너무도 온화하다.

나는 무신론자에 가까웠다. 아들을 살려달라고 하나님을 믿고 교회에 다녔다. 기독교 상식도 부족하고 믿음도 확고하지 못했지만 오로지 나는 밤낮으로 "하나님 아버지, 내 아들이 살아나기는 가능성이 없고, 다만 저 위암은 심한 고통이 따른다는 데 가는 그 날까지 고통없이 편안한 마음으로 가도록 해주세요. 꼭 부탁합니다."라고 기도만 올렸다.

신기하게도 아들은 마지막 그 날까지 심한 고통 없이 갔다. 핼쑥하지만 평화스러운 얼굴을 나는 한번 더 쳐다 보았다. "편하게 잘 가거라. 아들아."

아들의 손발은 싸늘하지만 가슴과 배는 따스하다. 간호사와 의사는 사무적으로 몸에 달렸던 모든 의료기구를 빼내었다. 그리고 여지없이 입관실로 끌고 갔다. 식구들은 아들이 누웠던 빈 자리를 보고 또 통곡을 한다.

나는 연락이 와 입관실로 내려갔다. 유리 칸막이를 한 입관실에서 말끔히 시체를 소독하고 수의를 입힌다. 손에는 손덮개, 발에 버선, 얼굴 가리개를 씌우고 옷을 여러 벌 입힌다. 장가 갈 때 단장하듯이 한다. 나는 "야야, 너 새 장가 가나."하고 소리쳤다. 시신을 꼭꼭 묶여서 관에 넣는다. "야, 그 좁은 방이 네 집이 아니다. 답답해서 어찌 살겠니. 가지 말아라."하고 또 통곡했다. 관 뚜껑을 덮고 쾅쾅 못을 쳐댄다. 아무리 후회해도 소용이 없다. 후회될 일을 하지 말고 살아야지. 혼자 넋두리를 하였다. 마무리를 끝낸 관은 보관소에 넣는다.

나는 밖으로 나와서 한숨을 쉬고 먼 산을 바라보았다. 아름다운 능선이 늠름하게 흘러내려와 있다. 하늘을 쳐다 보았다. 맑고 파란 하늘에 솜털같은 흰구름이 가볍게 흘러간다. "우리들은 인간 세계의 희로애락, 그런 것은 몰라요."하고 비웃는 것 같다. 눈물이 핑 돈다. 눈을 감아버렸다.

나는 어느 성도에게 물었다. “죄만 없으면 내 아들은 하나님을 안 믿는데도 천당으로 갈 수 있을까요?” 대답인즉 “안 믿으면 못 갑니다.”고 하였다. 또 한 성도에게 물었다. “엄마의 극진한 기도로 갈 수 있습니다.”고 하였다. 나는 어느 대답에도 개의치 않고 ‘내 아들은 향기가 풍기고 색색의 아름다운 꽃이 만발하고 평화롭다는 그 천당에 갈 것이다.’ 고 생각하였다.

영구차는 포항의 화장장으로 천천히 옮겨간다. 차내에는 음침하고 구슬픈 조가가 흐른다. 차창으로 내다보이는 경주 산천과 사바세계를 뒤로 하고 흘러간다. 드디어 목적지에 도착한다. 사정없이 관을 화장실로 밀어넣는다. 통곡은 또 다시 터진다. 1시간 뒤에 끝났다고 와 보라고 한다. 들어서는 순간 나는 그만 악,하고 소리를 쳤다. 간신히 옆의 쇠를 붙잡고 정신을 차리고 보았다.

고인의 키 만큼 긴 뼈, 굵은 뼈, 작은 뼈들이 흩어져 있다. 저게 정말 내 아들의 몸이란 말인가. 비참하다. 잔인하고 허무하다. 화장장 인부가 뼈를 주워 모은 다음 분쇄실로 가지고 갔다. 잠시 뒤 가루가 되어 나온다. 꼭꼭 다져서 넓적한 두부모 같이 해서 상주한테 건네준다. 나는 그 덩어리를 내 가슴에 꼭 안았다. 따뜻하다. 순간 나는 이 자리에서 같이 죽었으면 좋겠다는 생각이 들었다.

조문객들과 같이 점심 식사를 했다. 산 사람은 배 고프면 먹어야 하는구나. 나는 눈물과 같이 삼키면서 먹었다. 가족 일부는 집으로 가고, 남자들 일부는 남편의 산소로 갔다. 남편 묘소 옆에, 내가 묻힐 자리 곁에 한 자리를 마련하여 아들의 재를 묻었다. 근래에는 수목장을 권장하는 형편이라 때를 봐서 그 위에 좋은 나무를 심을 것이다. 후손들이 아버지 산소라고 찾아 오면 아버지로 인해서 잘 자라는 나무를 볼 것이다.

손 안에 꼭 쥐었던 무슨 보물을 놓쳐 버린 것 같다. 끝났다. 모든 것이 끝났다. 너무도 허무하다. 장차 이 슬픔과 아픔을 어떻게 이겨내고 살 것인가.

어느 늦은 밤, 아들과 둘이서 맥주를 마셨다. 우리는 시조를 읊고 노래를 부르면서 서로 화답하였다. 아들은 「어머니」를 부르고, 나는 「반달」을 불렀다. 〈푸른 하늘 은하수 하얀 쪽배엔 계수나무 한 나무 토끼 한 마리 돛대도 아니 달고 삿대도 없이 가기도 잘도 간다 서쪽 나라로〉 아들도 따라 불렀다. 우리는 비로소 공감의 눈물을 흘렸다.

아들아, 꿈 속에서라도 다시 한번 재연해 보고 싶다. 제발 꿈 속에서라도 나타나다오. 보고 싶다. 아들아.

병실 풍경

나는 차가 오는 것이 안보이기에 건너려고 저쪽 인도를 향해 뛰었다. 건너편 인도에 오른발을 올리려는 순간, 눈 앞에 네 개의 헤드라이트가 번쩍했다. 약간 어둠이 깔릴 때였다. 검은 옷을 입은 나를 앞차는 피해 천천히 갔지만, 뒷차가 미쳐 못본 것이다. 평소 다른 사람에게는 "횡단보도가 아닌데는 절대로 건너 가지 말라."고 누누이 주의시킨 것이 무색하였다.

나는 그 자리에 넘어졌다. 달려가는 차를 보고 "야들아, 사람 다쳤다."하고 소리를 쳤다. 차가 멈추고 두 여자가 뛰어왔다. 나는 정신이 말짱했다. "야들아, 나는 아픈 데가 없다. 너희들 착하구나. 어두운데 본 사람도 없는데, 어찌 뺑소니도 안 치고 찾아왔니."라고 하였다.

두 여자가 어깨에 손을 집어넣고 "빨리 병원에 갑시다."하고 일으켜 세우는데 나는 걷지 못했다. 경찰 순찰차가 오고 119구급차가 뒤따라 왔다. 구급차에 올라 '내가 크게 다쳤구나. 나는 이제

죽든지, 절룩발이 되겠구나' 하고 생각하니 눈물이 한없이 흘렀다. 고인이 된 영감 생각, 아이들 생각이 물밀듯이 떠오른다.

병원에 도착했다. 응급 조치하고 사진을 찍으니 외상은 전혀 없는데 오른쪽 다리 아랫쪽 뼈 두 군데가 부러졌다는 것이다. 코가 부러져도 다행이라더니 뼈가 부숴지지 않는 것이 큰 다행이었다.

다음 날 아침 수술을 시작했다. 처음부터 끝까지 아픈 줄도 몰랐다. 보험이 안되는 특수 진통제란다. 누렇게 소독한 다리를 올렸다 내렸다 하는데 꼭 미이라 같다. 나는 의사 선생에게 "저것이 내 다리 맞습니까?"하고 물었다. 뼈가 붙는데만 6주가 걸린다고 한다. 물리치료까지 두 달은 너끈히 잡아야 한다고 한다.

"범사에 감사하라."는 하나님의 말씀이 생각난다. 나보다 더 심한 상처를 받은 사람도 수없이 많은데 "생명을 잃지도 않고 이 정도의 사고로 고맙습니다."라고 생각하였다.

나는 기도했다. "하나님 잘못했습니다. 용서하세요. 새 사람으로 태어나겠습니다. 복종하겠습니다."하고 기도할 때 다른 때와 달리 눈물이 얼마나 흘렸는지 모른다.

입원실에서 이삼일이 지났다. 정신을 차리고 주위를 살펴보니 스무평 남짓한 입원실에 환자가 일곱 명이다. 처녀 한 명과 나머지는 모두 70대 할머니들이다.

첫 번째 환자는 86세의 할머니이다. 여위고 힘없어 보인다. 더군다나 양로원에서 오셨다. 어쩌다가 한두 명이 문병을 왔을 뿐이다. 입맛이 없으니 식사도 잘 안 드신다. '무자식 상팔자라는 말은 당치 않구나' 하는 생각이 떠오른다.

병원에서 퇴원조치서가 나왔다. 노인은 "우리는 국가에서 병을 무료로 고쳐주는데 어찌하여 나가라고 하느냐."고 화를 벌컥 내었다. 며칠 뒤 퇴원하였다. 할머니가 있던 빈 자리가 너무도 쓸쓸하다.

옆자리를 살펴본다. 엉덩이가 커다랗고 배가 불룩한 아줌마가 손에 기부스를 하고 싱글싱글 웃으며 침대에 올라앉는다. 큰 상처는 아닌가보다. 무단히 왼손 팔뚝에 혹이 생기더란다. 수술하고 긁어냈다. 흔히 말하는 물혹이다. 자기 말에 의하면 안 아픈 데가 없단다. 심장병, 고혈압, 쓸개가 아프기도 하고, 너무 병이 많으니 남편이 '물티 호박' 이라고 별명을 붙이고, 또 "오늘은 발꼬락에 감기 들었다고 안하니." 한단다. 뼈있는 농담이지만 다정한 부부애가 느껴진다.

또 한 사람은 20대 처녀로 자가용 끼리 부딪치면서 차 안에서 충격을 받아 목이 아프다고 한다. 이상하게도 병원 치료를 제대로 안 받는다. 주사도 잘 안 맞고, 병원 식사도 안 하고, 가끔 집에 가서 잠도 자고 온다. 내 짐작에 가해자와 피해자 사이에 감정 대립이 있는 것 같다.

한 아줌마는 차에 부딪쳐 엉덩이 옆 뼈가 부서졌다. 1개월 넘게 딸이 대소변을 받아냈다. 그래도 걸을 수 있을 정도여서 뒤에 들어온 환자들의 시중도 곧잘 해주고, 아침마다 커피도 타서 돌려 병실 분위기가 한결 밝고 부드럽다.

또 한 노인도 교통사고 환자이다. 뼈는 이상이 없는데 전신이 시퍼렇게 멍이 들어 먹칠한 듯 하다. 앉거나 눕는 것도 힘들어한다. 1개월이 되어 많이 나아 아침마다 사과를 깎아서 다른 환자들에게 한 조각씩 돌린다. 나는 "환자끼리 한 집안 식구 같이 정이 들어 퇴원하기 아쉽다."고 농담하고 웃었다.

한 사람이 퇴원하고 새 환자가 들어온다. 많이 여윈 80세의 할머니이다. 일 년 전 교통사고로 이 병원에 입원했다. 아들이 병실에 자면서 대소변을 받아내면서 간호했단다. 다행히 회복했는데 눈오는 날 다시 넘어져 수술을 받을 형편이라고 한다. 영감님과 아들이 같이 모시고 왔다. "나댕기지 말라고 했는데 말 안듣더니 이런 일이 생겼다."고 영감님이 짜증스럽게 중얼거린다. 아들은 "왜 자꾸 짜증을 내느냐."고 아버지를 타박한다. 집안에 우환이 있으면 걱정은 되지만 그 분위기는 흐뭇한 가정의 정을 느끼게 한다.

식사 때 할아버지는 아기에게 하듯이 할머니의 밥숟가락에 반찬을 얹어놓는다. 할머니는 밥숟가락을 입에 넣고 오몰오몰 씹어 먹는다. 검은 머리가 파뿌리될 때까지 용하게 잘 살아오신 분들이다. 나는 먼저 간 영감을 머리에 떠올렸다. 콧등이 시큰해진다.

마지막 또 한 사람도 교통사고이다. 보험회사 규정에 따라 월급과 가정주부로서의 일용직 대우를 치료비와 함께 계산한다. 보험제도란 정말 중요하고 당연히 있어야 하구나하고 생각했다.

그러나 거기에도 부작용도 많단다. 그간에도 퇴원하면 곧 입원 환자가 나타나고, 이런 말은 좋은 표현은 아니지만 이 병원에는 불경기가 없는 것 같다. 사람들이 사고 나는 것은 안됐지만, 병을 고쳐주고 생명을 살리며 돈을 잘 버는 의사란 훌륭한 직업이구나, 라고 새삼스럽게 느꼈다.

문병객은 아들은 많은데 딸들은 적다. 역시 딸은 출가 외인이 맞는가 보다. 가지고 온 꽃다발을 어떤 환자가 나누어서 병에 꽂고 이 창가, 저 창가에 장식한다. 병실이 한결 환해보인다.

환자들의 식사도 그대로 좋다. 반찬도 자주 갈고 고기류도 잘 나오고, 이런 말을 작은 아들에게 했더니 "엄마는 호텔 생활을 하시네요."하여 함께 웃었다. 나는 적은 걱정이 생긴 것이 잘 먹고 하는 일 없고, 운동 안 하고 잘 자고 하니 살이 통통하게 찌면 보기 싫어서 어쩌나 하는 걱정이다. 늙어도 틀림없는 여자로구나. 나는 혼자 쓴웃음을 지었다.

4

나의 하나님

세례

나의 성장 과정은 너무도 평탄했다. 큰 병을 앓은 일도, 고통과 고민으로 괴로워한 일도 없이 그런대로 평범하게 살았다고 할 수 있다. 그러니 종교와는 거리가 멀었다. 하나님을 믿는다고 하면 남의 일로만 생각했다. 더욱 천당하면 구름 잡는 일처럼 우습게 여겨졌다.

그러나 세월이 흘러 노년에 이르니 가지 많은 나무에 바람 잘 날이 없었다. 안 믿는 사람도 곤경이 빠지면 갑자기 "오, 하나님 살려주세요."하는 수가 있다. 나도 어려운 일이 생겨서 "하나님 도와주세요."하고 한숨과 함께 내뱉으면서 울었다.

나에게 꾸준히 전도하던 제자 생각이 나서 좀 만나자고 전화하였다. 제자는 너무 좋아하면서 교회로 인도하였다. 종교에 대해서, 교회에 대해서, 하나님에 대해서 너무도 모르던 내가 얼마간은 적응하기 힘들었다. 여러 가지가 부정적으로 느껴지고, 조작된 것 같고, 합의시키는 것 같아 갈등이 심했다. 이 상태가 얼마나 계속할 것인지에 대해 고민하였다.

목사님께 솔직한 심정을 하소연하였다. 목사님은 이해도 하시고 친절하게 인도해 주셨다. 책도 권해 주셨다. 매일 새벽기도도 열심히 다녔다. 그때부터 믿음에 대한 각오가 조금씩 달라지면서 하나님을 의지하고 경외해야겠다고 다짐하였다.

교회에 등록하고 다닌지 1년반되던 때에 세례를 받을 기회가 왔다. 세례라는 것이 무엇인지 물었더니 하나님의 진정한 제자가 되는 것이라고 하였다. 교육기간에 목사님을 많이 괴롭혔다. 그래도 너그러이 받아주시고 열심히 가르쳐 주셨다.

2004년 11월 28일 주일날 밤에 엄숙한 세례식이 있었다. 많은 교인들이 예배를 드리러 왔다. 예배 중에 세례를 받는 이들이 간증 발표를 하는데 나는 제일 나중에 하였다. 원고를 보고 읽는데 야릇한 감정이 복받치고 수시로 눈물이 쏟아져 나왔다.

내 차례가 되었다. 무릎을 꿇고 있으니 목사님이 손으로 내 머리 위에 세 번 물을 붓는 예식을 행하였다. 찬물이 피부에 닿을 때마다 놀라 꿈틀거렸다. 이제부터 하나님께서 더욱 사랑하시고 함께 하신다고 하니 오묘한 감정에 사로잡혔다. 더욱 열심히 믿고 헛된 생각은 버려야겠다고 결심했다. 성도들의 축하 인사를 하고, 꽃다발 선물도 받았으며 기념 사진도 찍었다.

집으로 돌아와서 기도하고 묵상했다. 내 평생에 위대한 일을 한 것 같았다. 몇 년 전을 회상하며 그 사이에 내 믿음이 얼마나 성숙했는가를 깊이 반성해 본다.

「시편」을 읽다

나는 「시편」을 읽고 있다. 아무 맛도 없고 뜻도 모르고 감동도 못 받으면서 그냥 물 흐르듯 읽고 있다. 물이 흐르는 곳은 졸졸 노래 소리라도 들리건만……. 어쩌다 하느님을 믿는다고, 다만 내가 성경의 중요성을 생각해서 의무적으로 읽고 있는지도 모르겠다.

그러나, 사순절 특별새벽기도회 첫날의 소득이 컸다. 목사님 설교가 마침 '시편 이야기'였다. 성경이나 시편을 읽는 내 수준이 너무도 미약하다는 것을 새삼 깨닫는다. 나는 언제 믿음이 확실해지며 말씀의 진리를 분명하게 깨달을 수 있을까? 나는 왜 이럴까? 2년 여의 세월이 흘렀건만 나아지지 않는다. 자기병은 자기가 고쳐야 하겠지만 노력해도 안 된다.

기다림, 그것이 믿음이라고 하셨다. 천 년, 만 년 기다려볼까? 믿는 도중에 아들(손권사 건)은 나에게 큰 실망을 안겨주었다. 세속적인 일이건, 종교적인 일이건 절대적인 것은 없다는 사실을 새삼 알게 되었다.

2007년 3월 26일, 오늘은 보람된 하루였다. 아니 행복한 순간이었다. 행복이란 생각하기 나름이구나! 나의 신앙이 성숙할 수 있도록 하나님 도와주세요. 예수님의 이름으로 기도드립니다. 아멘.

누가 참 하나님인가

나는 어려서부터 책 읽기를 좋아 하였다. 손에 닿는대로 책을 읽었다. 팔십 고령이 된 지금도 습관이 그대로 남아있다.

얼마 전에 미국에서 목회를 하고 있는 박명룡 목사의 『누가 참 하나님인가』를 읽었다. 도올 김용옥의 하나님과 성경의 하나님에 대한 공방론이다. 이 책을 읽기 전에 느낌은 글 중에 인용된 것처럼 '다윗과 골리앗'의 싸움같이 여겨졌다. 그만큼 도올 선생의 명성과 저자의 명성이 차이가 나기 때문이다.

책의 내용을 요약하면, 먼저 도올의 신관은 성경의 하나님 말씀과 하나님의 존재, 유일신론, 예수 그리스도의 신성, 삼위일체 신론, 예수의 부활 등을 거부하고 우주가 곧 하나님이요, 인간이 하나님이라는 신관을 피력한다. 반면 박명룡 목사의 신관은 기독교의 하나님으로 창조주이며 전능하신 분으로 우주를 초월하시는 존재이다. 하나님은 지존하시고 영원하시며 불변하시는 분이다. 누가 만들어낸 우상이 아니다. 시간과 공간이 생기기 전에도 존재했다. 그러한 전능하신 분이 인격체이고 사랑으로 나타난다.

양자의 신관은 1)우주가 신인가? 아니면 다른 신이 있는가, 2)우주는 有와 無, 어느 것으로부터의 창조인가, 3)우주 발생의 기원이 어디에 있는가, 4)신은 인격체인가, 비인격체인가 등으로 같은 결론에서 충돌한다.

진정한 신은 어느 것이며, 어느 것이 진리인가 구별된다. 십자가에 매달리신 예수. 그 분은 인간을 향하신 사랑의 극치이다. 타락한 인간을 용서하시고 하나님과의 관계를 회복하시기 위하여 십자가의 고통을 당하셨다. 하나님은 그 피로 인간의 죄를 씻어주셨다.

나는 이 책을 읽고 나서 두 분의 명철한 두뇌와 꾸준한 연구 노력에 감탄했다.

나의 믿음이 없음을 반성하고 열심히 하나님을 믿어야 겠다. 하나님! 저의 힘으로는 안됩니다. 하나님을 의지하고 기도하고 노력하겠습니다. 성령을 저에게 듬뿍 부어 주세요.

갈등

물은 쉴새없이 흐른다. 큰 바위에도 부딪히고 초목이 우거진 언덕도 지나고 모래 위도 지날 것이다. 가지각색의 고난도 아픔도 더러움도 아랑곳하지 않는다. 급기야 바다에 도달한다.

우리의 삶도 물처럼 그랬으면 오죽 좋겠는가. 기쁨, 슬픔, 고통 속에서 울고 웃는 변화가 무상하다. 그것을 이겨내고 성공하는 사람, 좌절하는 사람, 자살하는 사람, 인생이 너무도 무상하다.

물은 큰 바위를 만나면 바위를 뛰어 넘고, 모래와 만나면 흙탕물도 정화된다. 자기는 어려움에도 불구하고 남을 위한 선한 일을 한다. 사람은 자연에게 배울 점이 얼마나 많은가.

나는 오랜 세월을 살다보니 홀로 허허로운 생활에 어딘가에 의지하고 싶고 정이 그리워진다. 어쩌다가 사막의 오아시스 같이 위안거리를 만났을 때면 의지하는 마음, 기쁨이 대단하다. 기쁨과 기대가 크면 실망도 클 것이다. 좁고 옹졸한 생각에 그 기쁨과 기대가 어긋났을 때 갈등은 처음에 느꼈던 기쁨과 기대의 몇 배나

확대될 것이다.

고요한 연못에 돌을 던진 격이다. 시름은 연못에 생긴 둥근 파문 같이 점점 커질 것이다. 상상에 상상을 보태어 마음을 괴롭힌다. 사람을 만나기도 싫고 말하기도 싫다. 다행이 나는 약간이나마 믿음을 가진 자이다. 믿음이 확실하지 않지만 마음이 약해질 때 "하나님 나를 도와주세요."하고 구원을 청한다. 내 행동, 내 생각이 틀렸는가를 반성하고 기도한다.

물이 맑고 여유롭게 흘러가듯이, 나도 자기를 희생하면서 남을 도와주려는 심성으로 조용히 여유롭게 지내보자고 결심했다. 혼자 힘으로는 안 된다. 하나님께 도움을 요청하자. "심신이 쇠약해진 저를 긍휼히 여기시고 도와주십시오." 기도하고 또 기도한다.

눈물

누군가 거짓으로 눈물을 흘린다면 과연 분별해 낼 수 있을까? 애정을 호소하는 눈물, 슬픔의 눈물, 분개의 눈물, 육체의 고통으로 인한 눈물……. 눈물에도 여러 종류가 있다.

4월 마지막 주일, 담임목사님의 「베드로의 눈물」이라는 설교는 영적 감동이었다. 평소 유창하면서도 분명한 목사님의 어조가 그날 따라 간헐적으로 흔들렸던 것은 분명 베드로가 토해냈던 그 뜨거운 눈물 때문이었으리라.

평범한 어부, 혈기방자하고 용감하여 나서기를 좋아했으며, 대단히 무식했던 사람, 잡혀가는 주님을 위해 칼을 휘두르다가도 언제 그랬느냐는 듯 간이 콩알만해져 금세 주님을 세 번씩이나 부인하던 사람, 시몬, 아니 주님에 의해 베드로로 게바로 불렸던 사람. 그는 도대체 어떤 눈물을 흘렸을까? 열두 제자 중 가장 많은 사랑을 받고 인정받았던 베드로 역시 연약한 인간이었다.

그러나 그의 위대한 점은 자신의 연약함을 주님 앞에 고스란히 가지고 나왔다는 것이다. 통곡함으로, 세 번이나 부인하고 배반하였음에도 불구하고 자신을 용서하신 주님의 큰 사랑에 대한 감동이요. 눈물이었을 것이다.

예수님께서는 골고다에서 만인의 죄를 한 몸에 뒤집어 쓴 채 많은 피를 흘리며 십자가에서 돌아가셨다. 베드로는 이런 주님의 십자가를 일평생 가슴 속 깊이 눈물로 새기며 살았다. 훗날 네로황제로부터 십자가형을 선고받자 집행관들에게 "그리스도는 하늘에서 땅으로 내려오셔서 십자가에 똑바로 달리셨습니다. 그러나 나는 땅에서 하늘로 올라가는 영광을 입었으니 내 머리는 땅을 가리키고 다리는 하늘을 향해야 마땅합니다. 그리고 나는 주님과 똑같이 십자가에 달릴 자격이 없으니, 십자가를 돌려서 내 머리가 아래로 오도록 매달아 주십시오."라고 부탁했다고 한다.

이제 주님을 위해 거꾸로 매달렸던 베드로를 기억하자.

간증

사람이 사노라면 희로애락, 생로병사는 누구나 당하는 일이다. 인간은 약하다. 어려움에 닥치면 누구엔가 의지하려고 한다. 극한 상황에서는 안 믿는 사람도 "오, 하나님 도와주세요."하고 저절로 울부짖는다.

주위에 믿는 사람이 없었다. 나는 병도 없고 고생도 없이 그런 대로 평탄하게 살아왔다. 세월이 많이 흘러 노경에 접어들었다. 가지 많은 나무 바람 잘날 없다고 했던가. 내 힘으로도, 교육의 힘으로도 그 바람을 잠재 울 수 없었다.

지금 생각하니 그때 하나님께서 내려다 보셨을까? 보셨더라도 이 노인의 절규를 긍휼히 여겼을까? 그러나 "말씀하시기를 때가 있는 법이다. 믿고 구하라. 그러면 이루어질 것이다."라고 미소지으면서 관망하셨을 것이다. 지금이 그 때인가 보다.

나는 제자의 권유로 교회에 등록하였다. 쑥스러운 마음 가눌길 없었다. 내가 무엇을 하였지, 장차 어찌 되는 것인가. 정말 아픈 가슴이 나을 수 있는가.

얼마 동안은 가방에 성경책을 감추고 다녔다. 또한 누가 어디 가느냐고 물으면 교회간다는 소리가 안나왔다. 나를 아끼는 사람이 내가 눈이 나쁘다고 큰글 성경을 보내주었다. 책장에 장식되었던 성경이 지금은 얼마나 요긴하게 쓰이는지 모른다. 읽고 또 읽곤 한다.

성경을 읽으니 처음에는 희한하고 동화 같기도 했다. 건국 신화 같기도 하고, 회의와 부정한 여러 생각이 교차했다. 몇 번 읽다 보니 좀 생각이 정립되고 긍정도 하였다. 우리를 위해서 애쓰며 피 흘리고 죽음까지 당한 그 분의 윤곽이 파악되는 것 같았다. 잠이 안오는 밤에 성경을 읽으면 마음이 차분해지고 잠이 잘 온다. 내가 속으로 성경이 나에게는 수면제이구나 독백하고 미소 짓는다.

교회 다닌지 1년반이나 된다. 처음에는 목사님의 설교나 기도가 긍정적인 면, 부정적인 면이 있었으나 근래에 와서는 좀 다르다. 반성하고 회개하고 공감하고 나 같이 나약한 사람의 마음에 힘을 준다. '내일은 주일이구나. 교회에 가는 날이다.' 하고 기대와 기쁨을 느낀다.

일주일 동안 쌓인 스트레스와 고민을 푸는 날이다. 생기가 돈다. 마음이 울적할 때, 화가 날 때 혼자 교회에 가서 십자가 앞에서 기도하면 마음이 가라앉고 편해진다. '아, 이것이로구나' 하고 감탄도 한다.

교회에 다니면서 몇 가지 이변이 생겼다. 하나님의 은혜라고도 생각하고, 세속적인 자연 현상인 우연이라고도 생각되는 양면성으로 갈등을 느낀다. 내가 아직도 신앙에 대한 확신이 없다는 증거인가 보다.

첫째로 내가 걱정해 오던 아들의 중병이 약 2개월 전부터 큰 차도가 보인다. 열심히 기도한 덕분인가도 여겨진다.

둘째로 집 근처의 교회에 매일 새벽기도를 다녔다. 항상 보청기를 꼈는데 목사님의 설교나 기도가 전혀 안 들렸다. 이 일 때문에 교회에 다닐까 말까 망설인 적도 있었다. 나는 하나님의 말씀이자 목사님의 말씀이 잘 들릴 수 있도록 간절히 기도하였다. 4개월 뒤에 갑자기 목사님의 말씀이 분명하게 들렸다. 보청기는 그대로 사용하던 것이다. 참 이상하다, 신기하다하면서 순간적으로 "하나님 감사합니다."하고는 나도 모르게 눈물이 주르르 흘러 내렸다.

셋째로는 큰 손자가 대학 2학년에 휴학하고 군 복무를 마치고 집에 와 있다. 학비 마련을 한다고 아르바이트 자리를 찾는데 여간해서 안 나왔다. 하루는 내가 김을 사러 가까운 슈퍼에 안 가고

'몇 푼이라도 싼 데 가야지' 하고 먼 데 있는 마트로 갔다. 발이 저절로 그 쪽으로 향했다. 그 곳에 '아르바이트할 사람을 구한다' 는 광고가 붙어 있었다. 손자에게 알렸고, 손자는 면담을 하고 채용되어 근무중이다.

넷째로 실업계 고등학교 3학년에 다니는 작은 손자 이야기이다. 2학기 실습기간이 되어 학교장 추천으로 모 회사에 취업하였다. 회사가 잘 되어 아이의 월급이 의외로 많다. 어린 놈이 대학에 안 가고 돈 벌어 성공하겠다고 하기에 한편으론 아쉽지만 흐뭇했다.

나는 작은 손자에게 "너는 손재주가 있어서 기능대학에 등록하고 원하는 회사에서 돈도 많이 벌어라."고 하였다. 기술은 평생 자기 몸의 보배가 된다고도 하였다.

그간 나는 손자들이 잘 되기를 하나님께 얼마나 많이 기도했는지 모른다. 손자들의 성공하는 모습을 바라보고 희망을 걸고 살아야 겠다.

예수님은 나의 죄를 용서하신 구주이시다. 세례를 받으면서 오늘 그것을 고백하게 되었다. 또한 이 글을 쓰면서도 후련한 것 같기도 하면서도 착잡하다.

하나님, 저는 그간 마음의 문을 닫은 것 같았습니다. 이제부터는 마음의 문을 활짝 열고 하나님을 영접하고 주님을 마음의 주인으로 모시겠습니다. 제발 내 마음을 붙잡아 주세요. 도와주세요. 웃음이 있고 평화스러운 행복한 세계로 인도해주세요.

성서 체험

경주 역전에 '성서 체험 은혜열차 운행'이라는 큼지막한 현수막이 걸려 있었다. 순간 "교회에 등록하고 믿음을 가지려고 애는 쓰나 뜻대로 되지 않는데 저기에 참가해서 부족한 성서 지식과 믿음을 더 확실하게 해야지."하고 결심하였다. 나는 즉시 신청했는데 3만8천원이었다.

드디어 3월 29일, 경주역으로 갔다. 많은 사람들이 모여 있었다. 선입견인지는 모르겠지만 모인 사람들의 표정이 다 온화해 보였다. 7시 10분에 경주역을 출발했다. 4칸의 기차 안에는 찬송가가 은은하게 울려퍼지고, 10시 50분에 조치원역에 도착하였다. 6대의 버스에 분승하여 '세계성막복음센타'로 향했다. 1시간 정도 걸렸다.

어떤 장면을 보게 될까?하고 마음이 설레었다. 처음에는 예수의 생애관, 예루살렘 성전을 보았다. 650여 개의 토우인형으로 만들어진 전시관에는 예수의 탄생, 십자가의 죽음, 부활, 마가의 다

락방 등 예수의 일대기가 진열되어 있었다. 성경에서 읽었던 여러 장면들이 웅장한 벽화로 표현되어 있었다.

다음은 7m 크기의 솔로몬 성전도 전시되어 있었다. 솔로몬의 위대한 업적이 연상되어 저절로 머리가 숙여졌다. 개인적으로 너무도 관심이 많았던 '노아의 방주관'으로 갔다. 하나님이 태초에 인류와 동식물을 창조하시고, 그 뒤에 인간들이 타락하고 악을 행하자 실망하고 노하셔 홍수로 멸망시킨 놀랍고도 끔찍한 사건—의로운 노아를 통해 방주를 만들어 그 가족과 동물들을 큰 홍수에서 죽지 않고 살아남게 하였다—는 사람과 동물들이 토우인형으로 배에 진열되어 있는, 그 큰 배를 보고 너무도 신기하였다. 과연, 하나님의 권능과 권세는 진지전능하구나.

다음은 가장 중심이 된다는 성막쪽으로 발걸음을 옮겼다. 입구에 서서 대기하고 있으니 양각나팔이 부우웅~하고 두 번 소리가 난 뒤 문이 열렸다. 신발을 벗고 안으로 들어갔다. 번제단과 물두멍과 지성소로 되어 있었다. 엄숙한 분위기에 순간 압도되고 전율이 일어났지만, 이내 마음을 가다듬고 하나님께 기도를 드렸다. "이 약한 심정을 진정시켜주십시오."라고.

문 양쪽에는 제사장이 서 있었다. 안내원이 설명할 때 대기하고 서 있던 성도 중에는 눈물을 닦는 사람도 보였다. 번제단에서 제물을 각 뜨고 활활 타는 불에서 태운 뒤 그 피는 지성소에 뿌린다고 하였다. 지성소에는 두 천사가 앉아 있었다. 그 곳은 제사장만 들어가는 곳이란다. 물두멍은 손도 씻고 세족식도 하는 곳이란다. 구약시대에 이스라엘 백성이 광야 생활을 하는 동안 예배의 중심이 되었던 성막은 하나님이 직접 설계하셨다고 한다. 신성과 인성이 만나는 곳, 3500년 전에 하나님이 모세에게 직접 보여주고 짓게 하셨던, 하나님이 강림하신 곳이고 임재하던 곳이다. 백성들과 영원히 더불어 살기 위하여 지은 곳이다. 성막은 교회의 원형이다. 성막교회인 것이다. 죄인의 구원 장소이다. 성막은 예수그리스도를 통해 천국으로 들어 갈 수 있음을 보여주는 곳이다.

성막을 다 보고 돌아 나올 때 몹시 아쉬움을 느꼈다. 잠시 묵상이라도 하고 그 분을 가슴 깊이 사모함을 느끼고 싶은 생각이 간절했다.

그러나 대중의 열에 밀려 다음 장소로 옮겼다. 마음이 답답하다 못해 울렁거렸다. 기독교 역사상 실제 있었던 이런 위대한 일들을 직접 보고 듣게 되니 어떻게 표현해야 할지 부족한 내 자신이 야속하기까지 하였다.

나의 믿음을 더욱 확고히 하고자 행사에 참가했는데 그 결과가 내 일상으로 어떻게 돌아올지……. 집에 돌아오니 밤 12시가 다

되었다. 피곤하여 곧바로 잠 속에 빠져 들었다.

꿈에라도 하나님을 만나 봤으면……. 이것이 하나님의 인도인가? 이럴 때 은혜를 받았다고 하는 건가? 이런 좋은 은혜의 자리가 또 있다면 나는 주저 없이 달려가리라.

주왕산 관광

교회에서 주왕산 관광을 간다는 발표하였다. 나는 소풍 가는 초등학생의 기분이 되었다. TV에서 일기예보를 몇 번이나 보고 나서야 안심이 되었다.

목사님을 비롯하여 10여 명의 신도가 모였다. 평일이어서 많은 사람이 참석하지 않아 아쉬웠다. 평소와 달리 모두 등산복 차림이어서 기쁨과 활기에 차 보였다. 이런 기회가 드물기 때문에 나는 복장에도 신경을 쓰고 고령이라 혹시 남에게 피해를 줄까봐 의약품도 세심하게 준비하였다.

가을바람을 타고 차는 달렸다. 차창 밖으로 펼쳐진 푸르게 맑은 하늘이 마음까지 풍성하다. 울긋불긋한 산의 단풍들이 주마등 같이 뒤로 사라진다. 입담 좋은 사람의 덕담으로 차 안의 분위기는 웃음과 정으로 꽉 찼다. 알뜰히 준비해온 음식도 평소보다 더욱 맛있다.

2시간 뒤 주왕산에 도착했다. 산을 즐기는 사람들이 수없이 많았다. 아름다운 산을 배경으로 가지각색 옷차림을 한 사람들의 모임은 아름다운 광경 그대로였다.

제일보를 옮겼다. 나는 평소 3~40분 산책을 해왔기에 걷는데 그리 걱정은 안 되었다. 그럭저럭 제일폭포까지 걸었는데 좀 힘이 들어 일행과 떨어져 앉아 쉬었다. 쉬었다 다시 일어서서 가는 도중 군데군데 하늘을 향해 치솟은 거대한 바위와 울긋불긋한 단풍을 보면서 천지를 창조하신 하나님의 영광과 위력에 감탄하였다. 인간의 힘으로는 상상할 수 없는 일이다. 결국 인간은 다만 자연에 순응할 뿐이다.

생각은 꼬리에 꼬리를 물었다. 웃고 울고 괴로워하고 욕심내고 시기하는 것들이 너무도 부질없는 일 같았다. 사는 것이 한 토막의 연극이요 일장춘몽이다. 풀잎의 이슬이다. 대자연을 바라보면서 가슴을 펴고 좋은 경치도 보고 신선한 공기도 마시면서 담대하게 살 것이다.

서늘한 바람이 분다. 노랗고 빨갛고 파란 낙엽들이 우수수 떨어진다. 내 머리에도 얼굴에도 스쳐간다. 시귀라도 읊고싶다. 아픈 다리와 몸을 참아가면서 주왕굴로 향했다. 주왕굴은 10여 년 전에 보았던 그대로였다. 묘하게 생긴 바위로 둘러싸인 동굴 안쪽은 보이지 않고 바깥쪽 바위 사이로 물방울이 한 방울씩 떨어진다.

비운으로 숨진 왕의 눈물방울을 연상케 한다. 옛날 중국 주나라 왕이 마장군의 추격을 받아 이곳으로 피신했다가 화살에 맞아 죽었단다. 그 뒤 바위 바깥 주변에는 전에 없었던 붉은 꽃을 피었다. 이름도 애절하게 수달래라고 했다. 한때는 더 없는 권력을 과시하다가 순간의 이슬로 사라진 왕의 운명이 너무도 간절하게 가슴에 소용돌이친다.

방울방울 떨어져 고인 물이 작은 샘을 이루었다. 쪽박이 준비되어 있어 물을 한 모금 마셨다. 너무도 시원하고 맛 있다. 왕의 슬픔도 마시면서 위안해 본다. 피곤하고 배가 고프기에 하산하여 식당에 들어갔다. 시장기가 반찬이라 일행은 산채비빔밥을 맛있게 먹는다.

귀가길은 출발할 때의 설레던 기분과는 너무도 다르다. 마음이 가라앉으면서 허허로운 생각으로 꽉 찬다. 아마 아쉬움과 피곤에서 오는 잔상 때문일 것이다. '이것이 내게는 마지막 관광일지도 모른다.' 이렇게 생각하자 서글픈 생각을 떨쳐버릴 수가 없다. 그러나 주왕산 관광은 새로운 기분으로 오늘을 살게 하였다.

한량없이 부드러운 손길

박진형 · 시인

1

나는 초등학교 졸업반 때 육순의 아버지 손에 이끌리어 북천내 차가운 맞바람을 맞으며 입시를 치러고 경주 신라중학교에 입학하였다. 공립이니까 학비가 조금 싸다는 이유에서였다.

당시는 어렵고 힘든 때였다. 우리 또래가 보낸 소년 시절은 일제강점기와 6,25전쟁, 4,19학생의거, 5,16혁명을 거친 대혼란기였다. 폐허의 터전 위에서 새롭게 도약하려는 민족적 열망을 담고, 〈우리도 한번 잘살아보세〉라는 새마을노래가 아침마다 골목길에 울려퍼지던, 산업화로 이행되기 직전의 지지리도 가난하던 보리고개의 부황 뜬 시절이었다.

중학교에 입학하자마자 나는 도서반에 들어가 책을 읽기 시작하였다. 학교 도서실에서 금쪽만큼이나 귀했던 책을 탐욕스레 읽을 수 있었다. 봄소풍 때 어머니가 꼬깃꼬깃 숨겨두었다 내어놓은 용돈으로 헌책방으로 달려 가 소년소녀세계명작을 샀던 기억이 새삼스럽다.

경주에서 40리길인 아화까지 기차통학을 하였다. 당시 대부분의 학생들이 기차통학을 하였다. 경주에서 출발하는 완행열차의 별칭은 대통(대구행), 포통(포항행), 울통(울산행)이었다. 학생들이 가장 많은 구간은 단연 대통이었다.

하루에 대여섯 차례 정도 기차가 다녔다. 경주역 대합실에서 기차를 기다리는 지루한 시간 나는 책을 읽으며 견뎠다. 온통 책에 정신이 팔려 기차를 놓친 적이 어디 한두 번이던가. 늦게 집으로 오면 아버지의 불호령이 떨어지곤 하였다. 틈틈이 읽는 짜투리 시간은 시 읽기가 안성마춤이었다. 자연스레 가방 속에 시집이 들어 있었다. 나는 체질적으로 산문보다는 운문쪽이다. 논리적 사고보다는 감성에 기댄 성격 탓이리라.

2

내가 처음 김계복 선생님을 만난 것은 중학교 2학년 때였다. 2학년으로 올라가면서 문예반에 들어갔다. 1학기 봄이던가. 교내 백일장에서 처음으로 입상하였다. 어느날 교무실로 갔을 때 김계복 선생님이 나를 불러세웠다. 콩닥거리는 가슴을 주체하며 서 있자 예의 김선생님은 "뭐, 〈나는 창문을 열고/춘양(春陽)의 따스함을 느껴본다〉라고"하시면서 내 볼을 살짝 꼬집어주었다. 백일장 입상작인 내 시 가운데 한 귀절이었다. 홍당무가 된 채 교무실을 도망치듯 빠져나왔다.

〈내 영원은/물빛/라일락의/빛과 香의 길이로라//가다 가단/후미진 굴헝이 있어,/소학교 때 내 여선생님의/키만큼한 굴헝이 있어./이쁜 여선생님의 키만큼한 굴헝이 있어./내려가선 혼자 호젓이 앉아/이마에 솟은 땀도 들이는//물빛/라일락의/빛과 향의 길이로라/내 영원은.〉

미당 서정주의 시 「내 永遠은」이다. 아마도 미당이 소학교적 이쁜 여선생님에게서 맡았던 물빛 라일락의 빛과 향기를 인생의 험난한 굴헝에서 야금야금 꺼내어 되씹고 있는 모습이다. 미당에게 소학교적 여선생님이 물빛 라일락이였다면, 나에게는 쉰이 넘은 지금까지 뺨을 꼬집어주었던 여선생님의 그 한량없이 부드러운 손길이 마음 속 깊이 각인되어 있다.

당시는 여선생이 가뭄에 콩나듯 학교에 한두 명이 고작이었다. 김계복 선생은 신윤복의 미인도에 나오는 전형적인 한국의 미인이었다. 아담한 키에 동그스름한 얼굴, 뽀얀 자태는 한 떨기 백목

련이었다. 그러니 사춘기에 접어들기 시작한 단발머리 중학생들에게 시쳇말로 인기짱이었다. 김선생은 수학을 가르쳤다. 나는 애석하게도 한번도 선생의 수업을 받아보지 못하고 졸업하고 말았다.

3학년에 올라 왔을 때 바로 뒷줄에 박부호가 앉았다. 귀공자풍인 이 친구는 학교길에 늘 김선생과 동행이었다. 김선생이 박군의 이모나 친척뻘쯤으로 미루어 짐작하였다. 은근히 질투 아닌 질투가 났음을 이제야 비로소 고백해야 겠다.

3

중학교 2학년 봄, 황성공원에서 박목월의 '송아지 노래비' 제막식이 있었다. 황성공원 바로 옆이 학교였지만 수업을 빼먹고 갈 용기가 없었다. 나는 그만큼 소심하였다.

동향(同鄕)의 대시인의 시를 읽으며 나는 시인이 되기를 얼마나 열망하였던가. 열차가 모량리를 지날 때마다 '저기가 목월 선생의 고향이지' 라고 수없이 되뇌였다. 그러나 이승에서 목월 시인을 끝내 만나지 못하였다.

나는 시라는 괴물을 알고부터 학과 공부가 자연 등한시되었다. 교내백일장은 물론 신라문화제 백일장에 나가 상을 받았다. 고향의 조그만 시골마을에서 꼬마시인으로 통했다. 시인이 무엇인지도 모르면서 내 생의 목표는 시인이 되는 것이었다. 참 가당찮은 일이 아닌가.

아. 그리고 중학교를 졸업하였다. 백씨가 있는 대구로 나와 고교 입시에 실패하고 말았다. 과감히 학교의 틀을 벗어버렸다. 내가 할 수 있는 일이란 무엇인가에 대해 고민하지 않았다. 생의 목표가 시인이었으니까. 그리고 시인이 되는데 오랜 시간이 걸렸다.

중학교를 졸업하던 다음 해 처음으로 신춘문예에 도전하였다. 시가 무언지도 모르면서 말이다. 나는 적어도 신춘문예를 통과해서 시인이 되고 싶었다. 20년 남짓 신춘문예에 목매달고 살았다. 그리고 오랫동안 재능이 없음에 대해 절망하였다. 줄잡아 열 번째인가 《매일신문》신춘문예를 통과하여 비로소 시인이 되었다.

4

그리하여 삼십년 남짓 세월이 흘렀다. 우연히 쌍용그룹 사보 『여의주』 독자란을 읽다가 김계복이란 이름이 눈에 띄었다. 교직에서의 내용이었다. 워낙 존함이 특이하여 잊혀지지 않았다. 나는 마당발 박부호에게 전화를 내었다. 중학교 교장으로 계시다가 정년퇴임하여 지금 포항에서 살고 계신다고 하였다.

나는 어렵사리 전화번호를 알아두었다 출장길에 김선생댁을 방문하였다. 마침 첫시집 『몸나무의 추억』을 가지고 가서 속표지에 "선생님이 〈나는 창문을 열고/춘양(春陽)의 따스함을 느껴본다〉라고 하시면서 제 뺨을 꼬집어주셔서 시인이 되었나 봐요."라고 적어 드렸다. 선생님은 소녀처럼 좋아하셨다.

아, 또 십 수년의 세월이 속절없이 흘렀고, 선생님은 만년에 수필 공부를 하신다는 이야기를 풍편으로 전해들었다.

지난 1월, 권순채가 교통사고로 동국대병원에 입원하였다. 문병차 경주에 갔던 길에 박부호 꽃집을 찾아갔다. 직장을 작파하고 열심히 꽃집을 꾸려가는 모습이 보고 싶었기 때문이다. 둘이서 점심을 먹고 김부상을 불러내었다. 참 오랫만의 만난 중학교 5학년 3반 삼총사였다.

어느새 쉰의 중반으로 접어든 사내들이 아닌가. 내친김에 김계복 선생님을 모시고 저녁을 먹었다. 김선생님은 그간 이래저래 써둔 원고 이야기를 꺼내었고, 나는 그 자리에서 선생의 수필집을 내어드리겠다고 단번에 약속하고 말았다.

5

우여곡절 끝에 김선생님의 원고가 도착하였다. 편집을 하고, 교정을 보면서 나는 곱게만 살아오신줄 알았던 김선생님의 인생의 부침을 엿볼 수 있어 가슴이 아팠다.

『푸른 하늘 은하수』에는 김선생님의 삶이 무르녹아 있다. 40여 년간 교직에 종사하면서 수많은 제자를 길러내었던 이야기와 북에 고향을 두고 월남했다는 것과 동갑내기 부군을 먼저 보냈다는 가슴 아픈 사연이 숨어 있다. 또한 교통사고로 입원했던 병실 풍경과 큰아들을 가슴에 묻은 절절한 육친애적 사랑을 엿볼 수 있다. 만년에 종교에 귀의하여 크리스챤으로 묵상하면서 살아가시는 모습이 잔잔한 울림으로 다가온다.

선생은 팔순이 넘으신 연세에도 참 곱게 사신다. 서예와 그림을 접하고, 수필공부까지 하셨다니 끊임없이 노력하는 모습이 후학들에게 귀감이 되고도 남을 것이다.

중학교 시절, 뺨을 꼬집어주셨던 여선생님의 그 한량없이 자애로운 손길이 이 소박한 수필집으로 보답이 된다면 애틋하고 생광스러운 일이 아니겠는가.

인연의 질기고도 질긴 끈이여!

푸른 하늘 은하수

초판 1쇄 2009년 3월 31일

지은이 김계복

펴낸이 박진환

펴낸 곳 만인사

등록번호 1996년 4월 20일 제03-01-306호

주소 (우)700-813 대구광역시 중구 대봉2동 743-7

전화 (053)422-0550

팩스 (053)426-9543

E-mail maninsa@hanmail.net

홈페이지 www.maninsa.co.kr

ISBN 978-89-6349-001-4 03810

가격 8,000원